들어봐요
호오포노포노

アロハ！ヒューレン博士とホ・オポノポノの言葉

by 平良アイリーン

イハレアカラ・ヒューレン(監修)

부와 건강과 행복을 부르는 하와이언들의 말

들어봐요
호오포노포노

I love you

I'm sorry

Thank you

Please forgive me

Aloha
Ho'oponopono

타이라 아이린 | 이하레아카라 휴렌 감수 | 김남미 옮김

판미동

"삶의 문제를 해결하고

보다 자유로워지고 싶을 때

이렇게 듣고 말하라."

호오포노포노를 만나고 달라진 삶

언젠가 휴렌 박사를 만났을 때 반가운 마음에 나는 "알로 하!" 하고 인사를 건넸다. 하와이에 가면 하루에도 수없이 듣게 되는 바로 그 인사말이다. 그러자 박사는 "그 마음, 언제 어디서 나 누구에게나 변치 말아요." 하며 호오포노포노가 말하는 '알 로하'의 의미를 가르쳐 줬다.

'알로하'라는 말은
'나는 지금 신의 눈앞에 있습니다.'라는 의미예요.
나와 당신, 그리고 저 꽃과
지금 당신이 신고 있는 신발조차도
신성한 존재(Divinity)가 만들어 낸 완벽한 존재랍니다.

지금 눈앞에 무엇이 나타나든
그 모든 것 앞에는 신성한 존재,
즉 더욱 무한하고 위대한
무언가가 펼쳐져 있어요.

혹시 눈앞에 있는 사람이나 사물, 상황에서 신성함이 느껴지지 않거나 있는 그대로 받아들이기 어려운가? 아름답게 생각되기는커녕 슬퍼 보이거나 거부감이 드는가? 만약 그렇다면 그 원인은 상대에게 있는 것이 아니라 내 안에서 재생되는 기억에 있다고 박사는 말한다.

어떤 문제를 겪는다는 것은 완벽한 것을 완벽한 상태로 보이지 않게 하는 무언가(기억)가 내 안에서 재생되고 있다는 증거다. 우리는 정화(Cleaning)를 통해 그 기억을 지움으로써 원래의 제로 상태이자 자유로운 나로 되돌아갈 수 있다. 이것이 호오포노포노의 기본 개념이다.

하지만 어떤 문제를 겪을 때 우리 대부분은 이런 생각을 하지 못한다. 다른 사람이 공격해 오면 피하고, 옷이나 신발이 더러워지면 빨고, 상하면 수선하는 것이 전부다. 이는 문제를 겉에서 보이는 대로만 이해했기 때문이다. 하지만 이때 호오포노포노를 실천한다면 어떤 일이 일어날까?

박사는 진심을 담지 않더라도 '알로하'라고 말하는 순간 내 안에서 기억이 정화되기 시작하고, 나와 상대방 사이의 완벽하고 신성한 관계가 회복된다고 말한다. 억지로 추한 것을 아름답다고 믿기보다는 지금 상대의 내면에 보이는 것을 정성껏 정화해 보자. 그러면 '알로하'의 정신이 다가와 서서히 문제의 진짜 원인이 제거되고, 그 순간부터 나와 상대방은 원래의 올바른 방향으로 나아가게 된다.

상대방에 대해 자기 안에서 어떤 감정이 나타날 때면 그 반응에 대고 '알로하' 하고 말해 보자.

보고 싶지 않은 것을 볼 때도 '알로하' 하고 말해 보자.

자기 자신이 싫어질 때는 더더욱 '알로하' 하고 말해 보자.

소리 내어 말하지 않아도 좋다. 오늘 하루 만나는 사람과 상황, 주고받은 말과 마주친 풍경, 그리고 나 자신에게 끊임없이 '알로하'를 전해 보자. 주변에서 일어나는 모든 일이 내게 자유로워질 기회를 주고 있다는 것을 알게 될 것이다.

나와 '호오포노포노'의 만남은 이처럼 '알로하'의 정신을 깨닫는 것으로부터 시작됐다.

휴렌 박사와의 만남

2007년 11월, 나는 휴렌 박사가 처음으로 일본을 방문해 열었던 강연회에 참가했다. 호오포노포노를 알게 된 어머니가 미국 로스앤젤레스에 호오포노포노 수업을 받으러 갔다가 두 달 뒤 박사를 일본으로 초대한 것이 계기였다.

솔직히 말해 첫 수업에서는 호오포노포노의 의미를 좀처럼 이해할 수 없었다. 하지만 잠재의식을 뜻하는 '우니히피리'에 대해 배우는 순간 직감적으로 느껴지는 것이 있었다. 오랫동안 잊고 지냈던 내 일부를 마침내 되찾았다는 안도감과 놀라움이 가슴 깊숙한 곳에서 솟아난 것이다.

당시 나는 다른 일이 있었는데, 박사가 일본에 머물던 어느 주말에 어머니의 부탁으로 휴렌 박사의 잡지 인터뷰에 어시스턴트로 동행하게 되었다. 갑작스러운 일이었기 때문에 어찌할 바를 몰라 이동 중에도 사람들 맨 뒤에 서서 방해가 되지 않도록 짐을 들고 따라다녔다. 그렇게 멍하니 걷다 정신을 차리고 보니 어느새 휴렌 박사가 옆에 와 있었다. 꾸물거린 탓이라고 생각해 당황하며 빠른 걸음으로 뒤쫓아 가려 하자 박사가 나를 제지하며 이렇게 말했다.

고통은 늘 자기 안에 있어요.
외부에 있는 게 아닙니다.

말없이 걸음을 멈춘 내게 박사는 계속해서 말했다.

그리고 당신은 그 고통을 내려놓을 수 있어요.
누구의 힘도 빌리지 않고요.

그렇게 말하며 박사는 내 손을 잡아 옆에 서 있던 은행나무
한 그루에 가져다 댔다.

마음속으로 '아이스블루'라고 말한 뒤
이렇게 식물을 만져 보세요.
당신을 고통에서 벗어나게 해 주고
자유롭게 해 주는 존재가
이토록 가까이 있어요.
당신의 내면에도 아주 오랫동안
당신을 기다려 온 존재가 있어요.
그는 당신이 정화를 통해 자유로워지고
진정한 자신을 되찾기를

진심으로 기다리고 있답니다.

아이스블루는 호오포노포노의 대표적인 정화 방법 중 하나다. 마음속으로 '아이스블루'라고 말한 뒤 부드럽게 식물을 만지면 식물의 순수한 에너지가 나에게 전해져 기억이 제거된다.

박사는 그렇게 말하고는 다시 총총걸음으로 앞서 갔다. 순식간에 일어난 일이었기에 깜짝 놀랐지만 나는 박사의 말대로 '아이스블루'라고 마음속으로 말한 뒤 은행나무에 살짝 손을 대 보았다.

무언가가 극적으로 변한 것은 아니었다. 하지만 순수하게 박사의 말을 실천한 그 순간, 나는 나도 모르게 자기 자신에게 고맙다는 생각이 들고 신기하게도 마음이 편안해졌다. 이것이 나와 나의 우니히피리의 첫 만남이다.

이 책은 내가 휴렌 박사의 강연에 동행하면서, 그리고 사무적인 메일을 주고받는 와중에 평소 과묵한 박사가 문득 한 번씩 건넨 말들을 모아서 정리한 것이다. 그리고 언제 박사가 그런 말을 했는지 생생하게 전달하고자 당시의 상황과 그때의 감정도 함께 담았다.

나 역시 문제가 산더미처럼 쌓여 있으면 정화 자체를 하고 싶지 않을 때도 있다. 아직 정화가 서툰 탓에 지쳐서 종종 나 자신을 잃을 때도 있다. 그때마다 메모해 둔 박사의 무심한 한 마디가 늘 내 등을 따뜻하게 어루만져 준다. '진정한 나'를 되찾고 풍요로운 삶을 살고자 하는 모든 분들께 '호오포노포노의 말'을 전하고 싶다.

타이라 아이린

차례

1부 순간순간 정화하기

공포와 사랑, 둘 중 하나만 선택할 수 있어요. 당신은 지금 어느 쪽을 선택했죠?

기대나 집착은 기억이에요. 기억과 연결되어 있다면 그 기억은 결국 어딘가에서 형태를 바꿔 다시 재생돼요.

아무리 사소한 일이라도 그 생각과 의식, 의도를 올바른 장소로 돌려보내는 과정을 소홀히 하면 그와 관련된 사람과 사물, 장소와 의식 등 모든 것에 그 의식이 그대로 남죠.

평화는 '나'로부터 시작돼요. 세계 곳곳에서 어떤 뉴스가 흘러나오든 당신만이 발견할 수 있는 참된 평화가 있을 거예요.

2부 진정한 나로 돌아가기

어떤 일이 자꾸 생각이 나고 벌어지는 것은 완벽히 정화하지 못했기 때문이에요. 기억이 있기 때문에 여행을 하고 음악을 듣고 남과 대화를 하고 무언가를 나누는 것이죠.

당신이 우니히피리에게 얼마나 성실한지가 중요해요. 기억에 중독되어 우니히피리를 잊어서는 안 돼요.

3부 기억의 끈을 끊어 내기

당신은 정화할 기회를 얻기 위해 새로운 땅에 온 거예요.

세상의 모든 존재는 '사랑한다.'는 말이 듣고 싶은 거예요. '사랑해, 왜냐하면……' 이 아니라 그저 자신의 존재 자체를 축복받고 싶은 것이죠.

모든 것은 당신이 보고 듣는다는 거예요. 외부에서 슬픔이 보이거나 들린다면 그 슬픔은 당신 안에 있다는 거죠.

태풍의 중심은 언제나 고요해요. 호오포노포노도 항상 그 고요함 속에서 시작 돼요.

우리는 진짜 해야 할 일에 몰두하기보다 늘 이곳저곳 자신의 흔적을 남기기에 바빠요.

잠시 침묵해 보세요. 그것만으로도 이 세상이 얼마나 조용해지는지. 내가 침묵해 봤자 주변이 시끄럽다고요? 그것도 전부 기억의 목소리랍니다.

Aloha

- Aumakua
- Uhane
- Unihipili

호오포노포노란 무엇인가?

호오포노포노를 실천 중인 분은 물론 처음 접하는 분을 위해 하와이의 비법 호오포노포노를 다시 한 번 소개한다.

▶ 고대 하와이의 호오포노포노부터 셀프 아이덴티티 스루 호오포노포노까지

호오포노포노란 고대 하와이에서 전해 내려오는 문제 해결법을 말한다. 하와이 원주민들은 다툼이나 분쟁, 질병과 같이 혼자서는 해결할 수 없는 문제가 발생했을 때 특정인의 중재로 문제를 해결해 왔다.

어원을 살펴보면 '호오'는 목표와 길, '포노포노'는 완벽을 뜻

한다. 즉 '호오포노포노'란 문제가 발생한 현재를 원래의 완벽한 상태로 바로잡아 준다는 의미다.

이러한 문제 해결법을 하와이 전통의 의료 전문가(카후나)이자 인간문화재인 고(故) 모르나 나라마크 시메오나 여사가 인종과 종교, 나이와 성별을 뛰어넘어 누구나 어디서든 활용할 수 있도록 발전시킨 것이 '셀프 아이덴티티 스루 호오포노포노(Self I-dentity Through Ho'oponopono, 이하 호오포노포노)'다.

인간관계, 돈과 가족, 건강과 일, 사랑과 우정, 원망과 질투, 콤플렉스, 무기력과 자신감 부족 등 우리가 경험하는 모든 일에 호오포노포노를 적용할 수 있다.

▶ 모든 문제의 원인은 '기억'의 재생

호오포노포노에서는 주변에서 일어나는 다양한 문제(좋은 일과 나쁜 일, 인간관계, 가족, 돈 문제, 질병, 부상, 재해, 외국에서 일어나는 비참한 사건, 시험 결과 등)의 진짜 원인은 자신의 잠재의식이 축적해 온 기억의 재생에 있다고 여긴다.

여기서 말하는 '기억'이란 우리가 어머니의 배 속에서 태어난 이후 경험하고 깨달은 것만을 뜻하지는 않는다. 우주가 시작된

이래 탄생한 모든 존재(사람은 물론 토끼나 새싹 같은 동식물부터 해변의 바위나 트럼펫과 같은 무기물까지)가 겪어 온 갖가지 경험이 기억이고, 우니히피리(잠재의식)는 한없이 오랫동안 이 기억을 축적해 왔다는 것이다.

그리고 수십 세기에 걸쳐 축적해 온 이 방대한 기억을 우니히피리는 1초에 무려 1,500만 비트의 속도로 쉼 없이 재생하고 있다. 우리가 평소에 경험하는 감정이나 사건, 문제는 모두 이 재생된 기억이 반영된 것이다. 우리의 참된 모습이자 원래의 상태는 제로, 자유, 텅 빔, 무(無), 순수, 새로움이며, 이때의 '진정한 나'는 신성한 존재(디비니티, 신성한 지혜, 위대한 자연, 신, 우주, 근원 등)와 언제나 연결되어 있다.

하지만 앞서 말한 먼 과거부터 축적돼 온 방대한 기억이 우리 안에서 재생되면 신성한 존재와 나 사이에 존재하던 원래의 완벽한 연결이 끊어지고 만다. 이로 인해 완벽한 정보를 얻지 못하면 참된 나를 경험할 수도 없게 된다.

우리의 의식 속에서 기억은 초당 1,500만 번이나 재생되기 때문에 진정한 나로 살아가는 일은 매우 어렵다. 이것이 바로 우리가 매일 문제에 직면하는 진짜 이유다. 그리고 그 문제를 해결하는 방법이 바로 호오포노포노다.

▶ '나'를 구성하는 세 가지 셀프와 신성한 존재

호오포노포노의 문제 해결 방법을 이야기하기 전에 '나'에 대해 살펴보자. 호오포노포노에서 말하는 '나'의 자아(셀프)는 세 부분으로 구성되어 있다.

- **우하네**(표면의식/어머니)
  : 평소 우리가 지각하는 부분, 이성적 사고를 담당하는 부분
- **우니히피리**(잠재의식/내면아이)
  : 과거의 기억을 축적하고 감정이나 신체를 이용해 기억을 재생하는 부분
- **아우마쿠아**(초의식/아버지)
  : 신성한 존재와 우니히피리를 연결해 주는 부분

이 세 가지 의식이 모여 '나'라는 하나의 자아가 형성되는데, 의식 간의 연결 상태에 따라 '나'가 지각하는 경험에도 커다란 변화가 나타난다.

예를 들어 오른쪽의 삼각형 그림처럼 자기 안의 세 가지 의식이 잘 연결되어 있고 어머니인 우하네가 아이인 우니히피리를

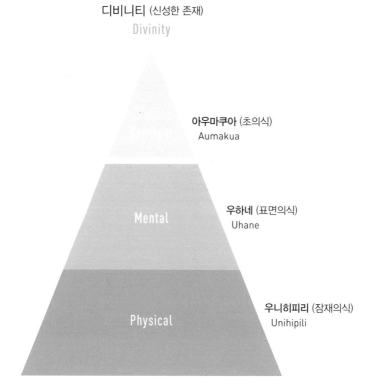

디비니티 (신성한 존재)
Divinity

아우마쿠아 (초의식)
Aumakua

우하네 (표면의식)
Uhane

우니히피리 (잠재의식)
Unihipili

Mental

Physical

나의 자아를 구성하는 세 가지 의식

돌보면, 우리는 본래의 균형 잡힌 상태를 유지하면서 신성한 존재가 주는 사랑이나 영감(Inspiration)과 같은 완전한 정보를 있는 그대로 체험할 수 있다. 하지만 오른쪽 하단의 그림처럼 끊임없는 기억의 재생으로 혼란이 발생하면 신성한 존재와 우니히피리를 이어 주는 아우마쿠아(초의식)가 단절되어 우리는 우니히피리에서 재생되는 '기억'에 사로잡히게 된다. 즉 우리는 항상 '기억'과 '영감' 중 하나를 경험하고 있는 것이다.

▶ 정화의 방법

'나'를 구성하는 세 가지 의식의 균형을 되찾고 다시 신성한 존재와 연결되려면 우니히피리에 축적된 기억을 제거하고 내려 놓아야 한다. 이것이 '정화'라고 하는 호오포노포노의 문제 해결법이다.

정화의 방법 가운데 대표적인 것이 '고맙습니다', '미안합니다', '용서하세요', '사랑합니다.'라는 네 마디 말을 마음속으로 반복하는 것이다. 꼭 진심을 담지 않아도 단순히 컴퓨터의 삭제 버튼을 누르듯, 어떤 문제를 경험하거나 마음속에서 감정이 요동칠 때 이 네 마디 말을 반복하는 매우 간단한 방법이다. 또는

균형 잡힌 상태

표면의식에 있는 당신이 잠재의식, 즉 우니히피리를 돌보고,
신성한 존재로부터 영감을 받는다

단절된 상태

외부에 도움을 구하며 기억은 끊임없이 재생된다

'사랑해요.'라는 한 마디로도 충분하다. 이 경우에도 문제 자체를 억지로 사랑할 필요는 없다.

정화는 다른 누구도 아닌 자기 자신만이 시작할 수 있다. 문제를 겪는 중에 나타나는 감정을 향해 또는 자신과 관련된 사람이나 장소, 계획에 대해 네 마디 말을 반복하면 된다. 표면의식이 정화되고 이를 우니히피리(잠재의식)가 깨달으면서 문제의 직접적 원인이 되는 기억이 제거된다.

▶ 기대하는 것 자체가 '기억'

우니히피리 안에 있는 기억의 양은 어마어마하다. 정화를 했을 때 어떤 기억이 제거되는지 우리가 지각하는 '표면의식'에서는 알 수 없다. 이 사실은 정화를 실천하는 데 매우 중요한 부분이다. 정화 결과를 궁금해하는 '기대' 자체가 기억이고, 기대하는 순간 정화의 흐름은 멈추기 때문이다.

그러나 기대하지 않도록 노력하거나 자연스럽게 샘솟는 기대감에 죄책감을 느낄 필요는 없다. '정화를 하는데도 왜 아무런 변화가 없을까, 얼른 변화가 나타나면 좋겠는데.' 하는 목소리가 머릿속을 스칠 때 바로 그 목소리를 정화하고 다음 단계로 넘어

가면 된다.

▶ 정화 결과에 집착하지 말라

실제로 나는 지금까지 호오포노포노를 통해 '멋진 일이 일어났다', '병이 나았다', '문제가 해결됐다'고 말하는 사람을 여럿 만나 봤다.

그들은 정화 자체가 목적이라는 공통점이 있다. 뿐만 아니라 정화를 하고 있다는 것을 본인 스스로도 의식하지 못할 정도로 자연스럽게 실천하고 결과에 집착하지 않는다.

그들은 정화를 마치면 마치 정화했다는 사실을 잊은 것처럼 그 뒤에 일어나는 일에는 신경 쓰지 않는다. 또 어떤 문제에 직면하든 정화를 실천하는 것 자체에 안정감을 느낀다. 그런 이들을 볼 때마다 나는 매일 많은 것을 기대하며 정화하고 있는 나를 발견한다.

그리고 또 하나, 재생되는 기억은 결코 나쁜 경험만을 의미하지는 않는다. 호오포노포노에서는 오랫동안 바라던 일이 이루어졌을 때의 날아갈 듯이 기쁜 마음에도 정화가 필요하다고 말하기 때문이다.

어떤 문제에 부딪혔을 때에만 한번 정화하고 마는 것이 아니라 기억에서 자유로워질 수 있도록 우니히피리가 보여 주는 다양한 상황을 하나하나 정성껏 정화해야 한다. 그러면 우니히피리와의 유대감이 깊어지고, 그 결과 자기 자신도 조금씩 원래의 제로 상태로 돌아갈 수 있다. 이것이 바로 호오포노포노의 목적이다. 걱정이 있을 때만 정화하는 것이 아니라 좋은 일이 있거나 나쁜 일이 있을 때도 마치 숨을 쉬듯 매일 정화해야 한다.

▶ 이하레아카라 휴렌 박사

고(故) 모르나 여사가 고안해 낸 현대판 호오포노포노를 당시부터 꾸준히 실천해 온 사람들이 있다. 그 중 한 사람이 하와이에서 나고 자란 이하레아카라 휴렌 박사로, 호오포노포노를 세계적으로 알린 사람이기도 하다.

휴렌 박사는 모르나 여사와 함께 국제기관이나 세계적인 이벤트 회장에서 여러 차례 강연을 열었다. 정신장애를 앓고 있는 범죄자들이 수용된 하와이의 병원에서 정신과 의사로 일하며 정화를 통해 환자 전원을 퇴원시킨 일화는 세계적으로 유명하다. 현재도 미국, 유럽, 아랍 국가, 일본, 한국, 대만, 홍콩 등 전

세계에서 '셀프 아이덴티티 스루 호오포노포노'에 관한 강연을 열고 있다.

자연을 무척이나 좋아하는 휴렌 박사는 때때로 엄한 충고를 하기도 한다. 하지만 박사의 곁에 있으면 이전에는 느껴 본 적 없을 만큼 마음이 안정되고, 아름드리나무 아래에서 휴식을 취하는 것처럼 평온해진다.

순간순간
정화하기

"단 하나의 존재에 좋고 싫음, 득과 실, 아름다움과 추함, 건
강과 독, 위험 등 어마어마한 양의 정보가 집중되어 있어요.
이건 어제오늘 생겨난 것이 아니에요. 아주 오래전부터 축
적돼 온 것이 지금 이 시대에 나타난 것이죠. 당신의 눈앞에
나타난 거예요. 이 사실을 깨닫지 못한다면 호오포노포노는
시작할 수 없어요."

공포와 사랑, 둘 중 하나만 선택할 수 있어요.
당신은 지금 어느 쪽을 선택했죠?

한 친구와의 사이에서 문제가 생겨, 하는 일마다 오가는 말마다 역효과가 나던 때가 있었다. 친구에게 또는 그 자리의 분위기에 무리하게 맞춰 행동하고 난 뒤 엄습해 오는 상실감에 건강이 나빠졌고, 반대로 용기를 내어 의견을 전달하면 가뜩이나 안 좋은 분위기가 더더욱 악화됐다.

그러던 어느 날, 일본을 방문한 박사와 함께 그가 묵고 있던 호텔에서 아침 식사를 했을 때 일이다. 박사는 커피를 따라 주러 온 웨이터에게 고맙다는 말을 건넨 뒤 문득 내게 이렇게 물었다.

공포와 사랑,

우리는 둘 중 하나만 선택할 수 있어요.

당신은 지금 어느 쪽을 선택했죠?

"단순히 아침을 먹고 있었을 뿐인데 공포와 사랑이라니요?" 순간 멍해진 나는 대뜸 그렇게 대답했다. 그런데 생각해 보니 그날 아침에 일어나 박사를 만나는 순간까지 나는 줄곧 최근에 느꼈던 불쾌한 기분에 사로잡혀 있었다. 머릿속에는 상대를 향한 공격적이고 비판적인 말이 가득 차 있었고, 동시에 고독한 기분도 맛보고 있었다.

새로운 하루가 시작됐는데도 나는 그날 아침 마음을 다잡지 못하고 무기력하게 옷을 갈아입고 약속시간이 다 돼서야 부랴부랴 집을 나섰다. 그리고 박사를 만나 어느새 아침 식사를 마치고 커피를 마시고 있었다. 그날 아침에 일어나서 박사를 만날 때까지의 나는 마치 무거운 기억의 '공포' 속을 떠도는 망령 같았다.

말이 없는 내게 박사가 말했다.

계속 기억에 사로잡혀 있지 말아요.

나는 박사의 말에 퍼뜩 정신을 차리고 허둥지둥 네 마디 말을 마음속으로 되뇌며 심호흡을 했다.

'고맙습니다.'

'미안합니다.'

'용서하세요.'

'사랑합니다.'

순간 커피 향이 입안에 퍼지고 눈앞에 앉아 있던, 평소처럼 모자를 눌러쓴 박사의 온화한 얼굴이 갑자기 선명하게 시야에 들어왔다. 그리고 머릿속에서 오늘 하루의 일정이 뚜렷이 정리되고 자연스럽게 가슴이 두근거리기 시작했다.

이것은 '기억'이 아닌 '영감'을 선택해서 얻을 수 있었던 안도감이었을지 모른다.

어떤 문제가 발생하면 어떻게든 그 문제를 해결하는 데 정신이 팔려 다른 일에는 손도 대지 못할 때가 있다. 하지만 그때도 우리에게는 선택할 자유가 주어진다.

매 순간 당신은 기억으로 살아갈지,
사랑으로 살아갈지 선택할 수 있어요.

어느 쪽을 선택하든 상관없다. 선택할 수 있는 사람은 오직 나 자신뿐이다.

그날 아침의 경험 이후 나는 가끔 나 자신에게 묻는다. '지금 나는 어느 쪽을 선택했을까?' 하고.

문제를 안고 있는 누군가에게 전화를 걸 때, 업무상 메일을 보낼 때, 물건을 살 때, 원고를 쓸 때, 화분에 물을 줄 때, 식사를 할 때 과연 나는 어느 쪽을 선택하고 있을까.

지금의 나는 기억(공포)을 선택하는 일이 더 많아 보인다. 똑 부러지게 보이게끔 메일을 쓰고, 콤플렉스를 감추기 위해 옷을 고르고, 불효자로 보이기 싫어 부모님께 전화를 드린다.

한편 나는 계속해서 그 친구와의 관계를 회복하기 위해 만날 때마다 심기일전하며 노력했지만, 겉으로는 풀린 듯 보여도 마음 깊숙한 곳에서는 완전히 풀리지 못한 마음이 켜켜이 쌓여 답답함만 더해 갔다.

완벽히 정화되지 않았기 때문에
자꾸 생각나고 감정이 솟아나는 거예요.

나는 친구와 서먹해진 이유를 알고 있었다. 그래서 사과를 하기도 하고 거리를 두기도 하고 여러 방법을 써 봤다. 그런데도 관계에 변화가 없자 짜증이 나고 모든 일을 냉정하게 생각할 수 없었다.

당신 내면에 뿌리박힌 '인과 법칙'도
매일 정화할 수 있어요.
이렇게 하면 이렇게 될 것이라는
고정된 사고방식은
대상이 원래 가지고 있는
완벽한 능력을 가로막기도 하지요.

우리는 평소 어떤 행동을 하기 전부터 자신도 모르게 결과를 예측하거나 그 행동의 동기를 일방적으로 단정지을 때가 있다. 하지만 박사의 말처럼 '정화할 일이 있어서 이런 상황이 벌어진다.'는 사실을 깨달으면, 점차 마음의 흥분이 사라지고 그 뒤로는 모든 일에 자연스럽게 매진할 수 있다.

한창 문제를 겪고 있는 내게 박사는 곧잘 이런 예를 들었다.

영화가 상영되는 도중에
극장에 들어간 것과 같아요.

문제의 진짜 원인은 이미 수억 년 전에 시작된 이야기의 첫머리에서 발생했기 때문에 우리가 알지 못하는 것이 당연하다. 그런데도 중간부터 겪기 시작한 문제를 우리는 마치 다 아는 것처럼 착각하고 닥치는 대로 해결하려고 애쓴다. 그리고 대부분은 자기 자신에게 상처를 입히는 것으로 끝을 맺는다.

나는 박사의 말을 떠올리며 우니히피리에게 이렇게 말했다.

"이토록 무섭고 슬픈 경험을 오랫동안 간직하고 있었구나. 내게 보여 줘서 고마워."

그 뒤로 나는 친구와의 사이에서 짜증이나 외로움, 분노와 같은 감정을 경험할 때마다 손쉽게 정화할 수 있게 되었다. 물론 정화를 하면서도 연락이 필요할 때는 연락을 취했다. 그러는 동안 일방적으로 참은 것도 아니고 크게 싸운 것도 아닌데 친구와의 거리가 자연스럽게 멀어졌다. 친구 하나를 잃는 일은 매우 슬픈 일인데도 이상하게 마음은 편했다.

그 친구를 다시 만나게 됐을 때 나는 스스로에게 거짓말을 하거나 무리하지 않고도, 이전처럼 마음이 아프거나 답답해하지 않고 웃는 얼굴로 이야기를 나눌 수 있게 되었다.

기억과 사랑, 지금 당신은 어느 쪽에서 신문을 읽고 있나요?
기억과 사랑, 지금 당신은 어느 쪽에서 텔레비전을 보고 있나요?
기억과 사랑, 지금 당신은 어느 쪽에서 식사를 하고 있나요?
기억과 사랑, 지금 당신은 어느 쪽에서 통화하고 있나요?
기억과 사랑, 지금 당신은 어느 쪽에서 옆 사람과 대화를 나누고 있나요?

스스로 '기억'인지 '사랑'인지 물을 때마다 자신의 행동 하나하나에 얼마나 많은 기억이 축적되어 있는지, 그리고 지금도 얼마나 많은 기억을 선택하고 있는지 깨달을 것이다. 그럴 때 호오포노포노를 떠올리고 그 순간만큼은 정화를 선택해 보자. 그 후에는 분명 더욱 자기 자신답고, 빛으로 가득한 관계가 펼쳐질 것이다. 지금 당장 질문을 던져 보자.

"기억과 사랑, 지금의 '나'는 어느 쪽을 살아가고 있을까?"

[는 사랑

m은 기억(공포)

휴렌 박사가 전하는 호오포노포노의 말

사랑이 말했어요.
"나는 나"라고 사랑이 말했어요.

"나는 영원히 빛나는 것"이라고 사랑이 말했어요.
"나는 자유"라고 사랑이 말했어요.

"나는 당신의 마음속 집에 있다"고 사랑이 말했어요.

Love said.
Love said, "I am the I."

Love said, "I am the eternal light beam."
Love said, "I am freedom."

Love said, "I am home."

기대나 집착은 기억이에요. 기억과 연결되어 있다면
그 기억은 결국 어딘가에서 형태를 바꿔 다시 재생돼요.

2. 좋고 싫음 모두를 정화의 기회로 삼아라

언젠가 이동 중에 아이폰으로 이것저것 검색하는 내 모습을 보고 박사가 물었다.

오늘 한 번이라도
그 아이폰에게 '고맙다'는 말을 했나요?

호오포노포노에서는 사물 하나하나에도 아이덴티티(영혼)가 깃들어 있다고 가르친다. 그날 나는 목적지 주소를 검색하고 메일을 보내고 사진을 찍는 등 아이폰의 다양한 기능을 이용하면서도 한 번도 아이폰에게 '고맙다'고 말하지 않은 것을 깨닫고는 서둘러 마음속으로 되뇌었다.

그러다 문득 나도 모르게 이런 말을 내뱉었다.

"그런데 차라리 아이폰 같은 기계가 없었다면 제 삶은 더 자유롭고 편했을 것 같다는 생각도 들어요. 만약 아이폰이 없었다면 더 조용히 살 수 있었을 텐데 하고 말이죠. 요즘은 굳이 몰라도 될 정보까지 알게 되고, 마음만 먹으면 언제든 연락을 주고받을 수 있다 보니 좀 피곤하기도 해요."

이런 생각이 내 안에 있었다는 사실에 스스로 놀라워하고 있는 내게 박사가 말했다.

그 생각을 내려놓을 때
당신과 그 휴대전화는 자유로워질 수 있어요.
당신을 옭아매고 있는 건
그 기계가 아니라 당신의 내면에
있는 기억이죠.

나는 아이폰을 사용하면서도 제대로 활용하지 못해 답답함을 느끼거나 그 편리함에 지나치게 의지하거나 두통이 생길 정도로 몰두하곤 했다. 하지만 이렇게 생각하고 판단할 때 실제로 자유를 잃는 것은 다름 아닌 나 자신이었다.

내가 호감을 느끼는 것조차 내 자유를 빼앗는다……. 정말 그럴까? 나는 평소 좋아했던 것들을 되돌아봤다.

먼저 멋지고 개성적인 생활방식을 뽐내는 수많은 사람들이 떠올랐다. 고기를 먹지 않고 모피를 입지 않으며 생야채만 먹고 가열된 식품은 피하는 그들의 생활방식을 접하면 감탄스럽고 공감되며 공부가 되는 부분이 많다.

또 무농약 상품과 제한된 생산지의 상품만을 취급하는 슈퍼마켓은 가서 둘러보기만 해도 보람찬 기분이 든다.

트위터나 페이스북 같은 소셜 네트워트 서비스는 마음만 먹으면 언제든지 정보를 올리거나 볼 수 있고 순식간에 국경을 넘어 무료로 정보를 전달할 수도 있다. 나는 그 안에서 어디든 날아갈 수 있는 '제트기'가 된 기분이다.

이처럼 우리는 원하는 것을 언제든 손에 넣을 수 있고 원하지 않으면 무시하면 그만인 세상에 살고 있다. 문제는 이토록 자유롭고 편리한 세상에 살면서도 여기서 생각을 멈추려 하지 않는다는 것이다. '호감'을 넘어서면 점차 '지나치게 편리하다', '노약자에게는 너무 어렵다', '조작이 귀찮다', '이런 생활은 자연스럽지 않다' 등의 불평과 불만이 싹트기 시작한다.

결국에는 어떤 사건을 계기로, 그때까지 우리 생활을 지탱해주는 것이 당연하게 여겨졌던 기능이나 서비스가 하룻밤 만에 미움의 대상으로 탈바꿈하기도 한다.

단 하나의 존재에 좋고 싫음,
득과 실, 아름다움과 추함, 건강과 독, 위험 등
어마어마한 양의 정보가 집중되어 있어요.
이건 어제오늘 생겨난 것이 아니에요.
아주 오래전부터 축적돼 온 것이
지금 이 시대에 나타난 것이죠.
당신의 눈앞에 나타난 거예요.
이 사실을 깨닫지 못한다면
호오포노포노는 시작할 수 없어요.

박사의 말을 듣고 정신이 번쩍 드는 기분이었다. 그렇다. 생각할 일이 많을 때는 평소 좋아하는 일조차 나를 지치고 싫증 나게 했다. 이는 박사의 말대로 내가 '기억'을 통해 보고 있었기 때문이다.

세미나를 무척이나 좋아하는 어머니가 어디서 들었는지 언젠가 재미있는 말을 했다.

"내가 누군가를 좋아하게 되는 가장 큰 이유가 언젠가는 그 사람을 싫어하게 되는 가장 큰 이유가 된다는구나."

그때는 한 귀로 흘려듣고 말았던 어머니의 말이 지금 생각해보면 어딘가 납득이 간다. '이 사람은 독특해서 좋아!'라고 생각했던 마음이 우리는 얼마나 지속될까? 처음 느꼈던 흥분이 점차 사라지면서 어느새 그 감정이 짜증으로 바뀌었던 때가 내겐 분명 있었다.

그럴 때 정화를 하면
'좋다', '싫다'와 같은 기억에서 해방되어
원래의 길을 찾을 수 있어요.
그러면 당신과 관련된
모든 사람, 물론 사물까지도
진정한 자신으로 되돌아가는 과정을 시작하죠.

각자가 제자리로 돌아갈 때
비로소 저마다의 참된 재능이 나타납니다.

내게도 좋아하는 유형의 사람이 있고 좋아하는 사상과 좋아
하는 생활방식이 있다. 일상에 활력을 불어넣어 주는 취미와 재
산과도 같은 좋은 동료도 있다. 박사는 이처럼 내가 좋아하는
것도 정화해야 한다고 말한다.

정화는 결코 잃어버리는 것이 아니에요.
상대에게 느끼는 좋거나 싫은 감정을 정화하면
그 사람과 수십 세기 동안 쌓아 온 기억이 제거돼요.
예를 들어 어떤 사람을 좋아하는 이유가
진지하고 재미있고 예뻐서라는 생각이 강하게 들면
나는 당장 그 생각을 정화해요.
정화 뒤에 남는 것이 진짜 사랑이죠.

무슨 이유에선지 박사는 늘 주머니에 휴대용 티슈를 넣고 다
닌다. 그것도 길거리에서 나눠 주는 광고용 티슈 말이다. 그때도
박사는 주머니에서 티슈를 꺼내 바라보며 이렇게 말을 이었다.

물건이 지닌 가치에 대해서도 정화해 보세요.

특히 '공짜'로 얻은 물건에 대해서 말이죠.

인간은 가격을 통해 물건에 가치를 매기지만,

사실 물건이 지닌 영혼이나 정신은 보편적인 거예요.

공짜라는 가치에 사로잡히면

물건의 영혼은 무시당하고,

그러면 당신은 그 물건이 지닌 재능과

당신에게 전하려는 메시지를 얻지 못하게 돼요.

물건을 줍거나 공짜로 얻으려는 마음을 정화하면

당신은 그 물건이 본래 지니고 있는 재능을 통해

영감을 얻을 수 있어요.

나의 아이폰에는 다양한 기능이 담겨 있다. 돈을 지불하고 일부러 구입한 소프트웨어도 있고 공짜라는 이유로 무작정 다운로드를 한 것까지 가지각색이다. 편리하긴 하지만 아이폰이 생긴 뒤로 나는 일상 속에서 아무 생각 없이 아이폰을 쳐다보는 일이 늘었다. 공짜라는 이유로 아무 목적도 없이 사용하거나, 일부러 돈을 내고 구입했으니 안 쓰면 손해라는 식으로 열심히 사용하기도 했다. 확실히 거기엔 물건의 영혼을 존중하는 마음이 없었고 나는 나도 모르게 지쳐가고 있었다.

우리의 영혼은 모두 자유를 원해요.

나와 당신도

자신을 자유롭게 해 주는 사람에게서

비로소 안도감을 느끼죠.

그러니까 '좋다'는 기분마저도 정화해야 해요.

기대나 집착은 기억이니까요.

기억과 연결되어 있다면 그 기억은

결국 어딘가에서

형태를 바꿔 다시 재생돼요.

자신이 가지고 있는 물건에 담긴 생각이나 추억 등을 정화하면 더 자유로워질 수 있다. 그리고 내가 자유로워져야 나의 물건도 자유를 되찾을 수 있다.

"나의 소중한 아이폰, 넌 무척 편리해. 네가 없으면 일상생활이 불가능할 정도야! 눈앞에 없으면 하루 종일 불안할 정도로 네게 빠져 있어. 나의 우니히피리, 네 마음을 보여 줘서 고마워. 이 감정은 다른 사람도 느끼고 있을 거야. 정화할 수 있는 기회를 줘서 고마워."

아이폰과 나의 정화는 당분간 계속될 듯하다.

휴렌 박사가 전하는 호오포노포노의 말

나는
기억이 재생되는 상태를
여러 가지에 비유하곤 합니다.

예를 들어, 정화를 하지 않은 상태는
업데이트를 하지 않아 느려진 컴퓨터와 같습니다.
예를 들어, 잃어버린 물건의 주인을 찾아
돌려 주려고 돌아다니다가
정작 자신의 업무는
소홀히 하는 상태와 같습니다.
예를 들어, 머리카락으로 꽉 막힌
하수구와 같습니다.

지금 당신은 어떤 상태인가요?

아무리 사소한 일이라도 그 생각과 의식, 의도를
올바른 장소로 돌려보내는 과정을 소홀히 하면
그와 관련된 사람과 사물, 장소와 의식 등
모든 것에 그 의식이 그대로 남죠.

생각만 해도 가슴 뛰는 아이디어나 계획이 떠올랐지만, 막상 실행하려고 하자 마음이 무거워지고 결국은 그 일 자체를 회피했던 경험이 나에게는 꽤 자주 있다. 그럴 때마다 여러 사람에게 피해를 끼쳤고 나는 점점 자신감을 잃어 갔다.

어떤 계획이 번뜩이는 순간부터 내 머릿속에는 수많은 목소리가 등장한다. '어차피 안될 거야', '내게는 그런 능력이 없어', '그 일을 시작하면 여러 사람에게서 별의별 말을 듣게 되겠지', '실패하면 고개도 못 들 정도로 창피할 거야', '주변 사람에게 실망만 안길 거야' 등등 수없이 많은 무시무시한 말들이 순식간에 머릿속을 점령해 옴짝달싹 못하게 된다. 결국 일을 시작하기 전부터 긴장을 하고 몸이 아플 정도로 지치고 만다.

가끔 용기를 내서 일을 시작해 보면 운 좋게 완벽한 환경이 갖춰져 있을 때도 있고, 일을 물리지 못하는 상황에서 한 걸음 더 내딛어 볼 때도 있다. 하지만 그럴 때조차 가까운 사람의 별 뜻 없는 한 마디나 사건을 경험한 순간 그 즉시 포기하게 된다.

이런 상황이 반복되는 사이, 나는 갖가지 변명을 방패 삼아 원래 하려던 일이나 아이디어 자체를 포기하고 잊어버리는 게 습관이 됐다. 분명 많은 사람이 이 같은 경험이 있을 것이다.

하지만 웬걸, 호오포노포노에서는 다르다. 하려던 일을 잊어버리는 것은 표면의식인 나뿐이다.

박사와 만난 지 얼마 되지 않았을 때 박사가 웃는 얼굴로 이런 말을 한 적이 있다.

당신은 아직 젊지만
어머니로서 해야 할 일이 많아요.

그 말이 무슨 말인지 전혀 이해되지 않았던 나는 그대로 되물었다.

아이디어가 있는 사람에게는

그 아이디어를 돌봐야 하는

큰 역할이 있어요.

마치 어머니처럼 말이죠.

"저는 아이디어를 실천에 옮긴 적이 거의 없어요. 상상하거나 꿈꾸기만 할 뿐 금세 포기하거나 좌절하고 말거든요."

박사의 말에 대답한 순간 이상한 일이 일어났다. 지금까지 잊고 살아온 취미와 소박한 꿈, 미래상과 프로젝트는 물론, 실현되지 못한 친구와의 여행계획과 할머니에게 보내려 했던 그림엽서마저 떠오르며 마음이 묵직해진 것이다. 그런 나를 아랑곳 않고 박사는 말을 이었다.

아이디어가 떠오른 시점부터

이미 그 아이디어에는 '생명'이 깃듭니다.

당신은 이미 존재하는

그 아이디어와 당신의 사이를 정화해

원래의 모습으로 되돌아갈 수 있도록

정리해 가면 돼요.

이것이 당신에게 주어진
아이디어와 계획에 대한
어머니로서의 역할이랍니다.

원래의 모습으로 정리해 가는 것이 내게 주어진 역할이라고
생각하자 더더욱 많은 일들이 떠올랐다. 애초의 목적을 달성하
지 못한 일, 대충 마무리했던 갖가지 상황, 아이디어, 꿈 같은 것
들이 여전히 내 안 이곳저곳에서 숨 쉬는 것을 느꼈다.

나도 그들도 갈 곳을 잃고 호흡곤란에 빠진 상태였다.

꿈이나 아이디어를
실현하지 못할 수도 있어요.
그것이 옳은 때도 있죠.
무엇이 옳고 무엇이 그른지
우리는 알 수 없어요.

다만 꿈이나 아이디어를
실현하지 못한 이유가
누군가의 한 마디나 판단 때문이라면
당신은 그것을 정화해야 해요.

나는 당신이 그 아이디어나 계획을 돌보며
그 존재와 당신 사이를 정화하는 것에
집중하길 원해요.
과거에 그 아이디어와 나 사이에
어떤 일이 있었는지는 모르지만, 이 기회에
그 아이디어가 보여 주는 슬픔이나 분노,
원망이나 자책과 같은 감정을 내려놓고
서로 자유로워지는 것이 진정한 목적이에요.

원래 우리가 해야 할 일은 그뿐이에요.
한 번의 보살핌을 통해
다시 생명을 얻은 아이디어들은 안심하고
영감에 따라 바른 형태와 결과로 정리되죠.

생각해 보면 언젠가 열정을 불태우며 하려던 일들과 번뜩였던 아이디어들이 실현되지 못한 채 시선을 돌리고 싶을 만큼 더러운 쓰레기처럼 내 안에 켜켜이 쌓여 있었다. 그리고 나는 억지로 그 뚜껑을 덮어 놓았다.

나는 '실패했어', '거부당했어', '내가 부족해서 실현 못한 거야', '한심해', '창피해' 하고 갖은 핑계를 대면서 너무 많은 것들을 포기했었다. 내게 떠올랐던 수많은 아이디어들이 내 일방적인 애도 속에 매장되어 형태도 제대로 갖추지 못한 채 갈 곳을 잃고 내 안에 그대로 고여 있었다.

기대하고 있는 동안에는 마치 고가의 엔진을 장착한 자동차처럼 전속력으로 달릴 수 있다. 하지만 터무니없이 무거운 기대를 짊어지게 된 아이디어들은 어떨까. 정화하지 않고 방치하면 기대는 무한으로 팽창한다. 그 때문에 나는 지금까지 수없이 자유를 빼앗겼는데, 그것은 나뿐 아니라 아이디어도 마찬가지였다.

박사의 말대로 기대는 아주 오래전부터 내 안에 존재했다. 우니히피리가 일부러 그 아이디어를 통해 내게 자유를 주려고 했다고 생각하자, 잊고 있던 존재들에게 자연스레 이런 말을 할 수 있었다.

'이제 자유로워져도 돼. 내가 할 수 있는 일이 있다면 말해줘. 기꺼이 도울게.'

초초함이나 조바심도
전부 기억이에요.
정화를 하지 않는다면

설령 꿈을 실현했더라도
기억의 연쇄가 될 뿐이에요.

과거의 아이디어나 꿈을 내가 아닌 누군가가 실현하는 것을 보고 부러운 마음이 든다면, 내 안에서 아직 숨 쉬고 있는 아이디어를 떠올리며 이렇게 말해 보자.

'고맙습니다, 미안합니다, 용서하세요, 사랑합니다.'

그러면 마음이 진정되고 한 단계 앞으로 나아갈 수 있다. 억지로 외면한 채 모르는 척하고 지나가는 것과는 크게 다르다. 정화 이후 더 이상 보이지 않는 아이디어도 있지만 여전히 내 안에 남아 준 아이디어도 있다.

결과나 돈에 연연해
막무가내로
만들어 낸 물건은
학대당하는 것과 같아요.
당신을 비롯한 모든 존재가
신성한 존재에서 나왔기 때문에
원래의 자기 집으로 돌아가고 싶어 하죠.

자기 집이 있는 아이디어들은
자신이 할 일을 다 알고 있어요.
가령 당신이 기대하던 형태가 아니더라도
아이디어를 원래의 집으로 돌려보내 주면,
그 아이디어가 당신도 모르는 사이에
당신을 더욱 멋진 길로 안내해 주죠.

어떤 삶의 방식을 택하고
어떤 생각을 하면서 살든지
당신은 그것을 통해
자신의 영혼을 되돌려보내는 과정을
시작할 수 있어요.

아무리 사소한 일이라도
그 생각과 의식, 의도를
올바른 장소로 돌려보내는 과정을
소홀히 하면 안 돼요.

그 소홀함은
사람과 사물, 장소와 의식 등
모든 것에 그대로 남죠.

아주 평등하게.

물론 당신의 영혼에도.

그 뒤로 나는 아이디어가 떠오르는 순간에 바로 정화를 시작한다. 갓 태어난 아기를 다루듯 아이디어에게 네 마디 말을 하고 소중히 보살핀다. 그러자 눈앞의 이익에 눈이 멀어 아이디어를 함부로 입 밖에 내거나 초조함에 쫓기는 일이 사라졌다. 이것은 나를 편안하게 해 줄 뿐 아니라 인간관계에도 큰 영향을 미쳤다.

또 의도하지 않았지만 적절한 시점에 내 입에서 과거의 아이디어가 툭 튀어나와 내게 여러 번 새로운 기회를 준 일도 있다.

외부를 향해 표현하는 것만이

자기표현은 아닙니다.

표현은 먼저 우니히피리에게 해야 해요.

정화를 거듭하다 보면

영감에서 흘러나오는 것이 있어요.

당신이 자유로운 상태에서 영감을 받아들일 때

당신 주변에 있는 모든 것이 협력해,
당신과 이어져야 할 상대를
완벽한 형태로 연결해 주죠.

그렇게 해서
당신이 외부로 표현하는 것이
바로 영감입니다.

휴렌 박사가 전하는 호오포노포노의 말

꿈에서 본 것을 정화해 보세요.
평소 당신이 의지하던 생각이
잠시 쉬는 사이에
우니히피리는 많은 것을 보여 준답니다.

그저 꿈에서 본 것을 정화해 보세요.
꿈에서 본 것에 대해 어떤 의견이 생긴다면
그 의견도 정화하세요.
거기까지가 당신의 역할입니다.

정화의 열쇠랍니다.
그것이 '진정한 나'로 향하는 문을
반드시 열어 주니까요.

평화는 '나'로부터 시작돼요.
세계 곳곳에서 어떤 뉴스가 흘러나오든
당신만이 발견할 수 있는 참된 평화가 있을 거예요.

4. 당신이 할 일은 오직 '나를 되찾는 것'

당신의 역할은 오직
'진정한 나'를 되찾는 거예요.

박사는 나를 만날 때마다 이렇게 말하곤 했다. 가령 내가 순풍에 돛 단 듯 거침없이 나아갈 때도, 문제들이 산더미처럼 쌓여 애를 먹을 때도.

나는 불안하거나 불만이 쌓이기 시작하면 주변의 칭찬을 듣기 위해 죽을힘을 다하다 어느덧 타인과 비교하고 만다. 그러다 지친 내가 그 다음으로 취하는 방법은 매사를 최대한 긍정적으로 생각하는 것이다. 그러다 차츰 그 효과가 다하면 나를 돌아보기 위한 여행을 떠나거나 직업을 바꾸는 것이 좋지 않을까 하는 망상에 빠지게 된다. 하지만 대부분은 더욱 우울해지는 결과를 맞이한다.

'자신을 바꾸려고' 시도하는 방법이
일시적으로는 당신에게
기운을 불어넣어 줄 수도 있어요.
하지만 그 후에는 어떤가요.
오히려 더 우울해지지는 않았나요?
그 이유는
정화해 주길 바라며 애써 보여 주었던
고통스러운 기억을 당신이 무시해서
우피히피리가
깊은 상처를 입었기 때문이에요.

매사가 잘 풀리지 않을 때, 가령 지금 하는 일에 만족하지 못해 미래가 불안하거나 주위 사람이 샘날 만큼 빛나 보일 때가 있다. 그럴 때 이상을 꿈꾸며 동기부여를 하면 신기하게도 그 직후에는 태도도 변하고 확실히 마음도 긍정적으로 바뀐다. 하지만 그 마음도 오래가지는 못한다.

부정적인 생각이
당신을 버티게 해 준 적도 많을 거예요.
좋을 때든 나쁠 때든
당신이 가장 먼저 해야 할 일은
정화를 하는 거예요.

박사의 이 말은 오랫동안 갈피를 못 잡고 헤매던 내게 새로운 노를 쥐어 주었다. 어떤 일을 하든(그 일이 좋든 싫든) 누구와 함께하든(그 사람이 좋든 싫든) 내가 가장 먼저 할 일은 '진정한 나'를 되찾는 것이다. 정화를 통해 매 순간 진정한 나를 되찾을 수 있다. 굳이 특별한 일을 벌이거나 직업이나 주변 사람을 바꾸지 않아도 당장 이 자리에서 시작할 수 있다. '진정한 나'란 매 순간 터져 나오는 감정을 정화하며 순간순간 되찾는 나라고 박사는 말한다.

지금 눈앞에서 일어나는 일을 정화하고 있는데
갑자기 방을 정리해야겠다는 생각이 든다면
그 생각을 정화하면서 행동으로 옮겨 보세요.
그러면 다음 날 직장에서 업무상 전화 통화를 하다가

자신을 되찾을 기회가 될 한 마디를 들을 수도 있어요.
정화가 끝난 뒤 과연 어떤 기억이 제거되고
어떤 것이 주어질지 본인은 깨닫지 못해요.
하지만 눈앞의 일을 하나하나 정화하는 사이
당신은 서서히 그 참된 존재와 빛을 되찾아가죠.

그렇다! 억지로 나를 인정하거나 좋아하려고 애쓰지 않아도 된다. 우선은 '고맙습니다', '미안합니다', '용서하세요', '사랑합니다.'라고 되뇌며 그저 정화하는 것이 내가 최우선으로 할 일이다.

정화라는 노가 생기자 신기하게도 몸과 마음이 안정을 되찾았다. 평생 동안 계속할 역할이 있다는 사실은 내게 마치 엄동설한에 대비해 언제나 푹신푹신한 깃털 이불이 준비된 것과 같은 안도감을 주었다.

정화는 누군가의 평가를 받거나 누군가와 비교당하지 않고 내게 주어진 환경 안에서 오직 나만 실천할 수 있는 작업이다. 물론 파트너는 있다. 늘 새로운 임무, 즉 제거해야 할 기억을 보여 주는 우니히피리다.

예를 들어 방이 엉망진창이라고 느낀다면 실제로 청소를 시작하기 전에 재빨리 '고마워요.'라고 말하며 정화를 시작해 보

자. 청소를 하다가도 귀찮다고 느끼면 또 정화한다. 깨끗하게 정돈된 방을 보고 뿌듯함을 느끼거나 청소 도중 추억의 사진을 발견하고 감상에 젖을 때도 정화한다. 이처럼 기억의 끈에 이끌려 가기보다는 눈앞에서 일어나는 일을 향해 네 마디 말을 되뇌며 정화를 통해 나를 되찾는다. 그렇게 나는 '진정한 나'로 되돌아가며 커다란 무언가에 감싸인 듯한 경험을 한다.

인간관계나 직업은 상황이나 나이에 따라 가능한 범위에 차등이 있고 주어지는 기회에도 한계와 변화가 있게 마련이다. 하지만 아무리 나이를 먹어도 정화는 내가 가장 먼저 해야 할 일이며, 환경이나 시대가 변해도 평생 계속해야 할 일이다.

왜 '진정한 나'를 되찾아야 할까요.
그 이유는 내면의 가족,
즉 내면의 셀프가 단절되면
인류라고 하는 하나의 가족도 단절되어
쓰러지기 때문이에요.

내면의 가족이 하나를 이루는 상태인
'진정한 나'로 살아간다는 것은

그만큼 강력한 일이지요.

평화는 '나'로부터 시작돼요.

세계 곳곳에서 어떤 사건이 벌어지든

당신만이 발견할 수 있는

참된 평화가 있을 거예요.

자신의 일에 집중하다 보면 무리해서 무언가를 바꾸려 하지 않아도 저절로 변화가 찾아온다. 직장 내에서나 인간관계에서 새로운 기회가 주어지기도 한다. 충격적인 일이 있을 때도 정화를 한 뒤 눈앞에 놓인 일에 집중하면 반드시 다시 나아갈 길이 준비되어 있다는 사실을 깨닫게 된다. 밑바닥이라고 여겨질 때도 정화해야 할 일에는 뚜렷한 빛이 비치고 있는 것을 알 수 있다.

지금까지 몰랐던 사람이나 의식하지 않았던 사람이 내 눈앞에 나타나고, 무조건 싫다고만 생각했던 일이 감동을 주기도 하고, 억지로 붙들고 있던 일이나 부담스러운 역할을 내려놓고 자연스럽게 다음 단계로 나아갈 수 있다. 그런 식으로 나는 저절로 더욱 다양한 곳으로 확장되고 연결된다. 기쁠 때도 고통스러울 때도 정화라는 작업은 나를 기다리고 있다. 정화는 어쩌면 내가 지금까지 동경해 오던 그 어떤 것보다 매력적인 일이 아닐까.

박사의 모습을 가만히 지켜볼 때면 그가 말없이 내게 이렇게 질문하는 듯하다.

일은 제대로 하고 있나요?

그럴 때면 나는 뜨끔한다.

휴렌 박사가 전하는 호오포노포노의 말

당신의 개성은 기억으로 이루어져 있나요?
당신은 기억에 의존해 살아가나요?

그렇다면 더 좋은 방법이 있습니다.
정화를 통해 기억을 조금씩 내려놓아 보세요.
그러면 당신의 진정한 생명이 빛나기 시작합니다.

그 빛은 누구도 희생시키지 않아요.
그 빛은 누구도 외롭게 하지 않아요.
그 빛은 가장 먼저
당신의 우니히피리를 행복하게 해 줍니다.

세상을 위해서가 아닙니다.
다른 누군가를 위해서도 아닙니다.

우니히피리가 만족을 느낄 때

영감이 나타납니다.
영감은 당신을 행복으로 꽉 채워 줍니다.

영감이 당신을 비출 때
당신은
이 우주에서 미아로 떠도는
모든 영혼의 등대가 됩니다.

먼저 당신부터 시작하세요.

행복과 슬픔, 감동과 분노는
당신의 우니히피리가 보여 주는 기억이에요.

5. '지금 이 순간'을 정화한다

어느 날 일본 오키나와에서 열리는 강연회를 앞두고 시간이 남아 박사와 함께 가까운 해변을 산책하고 있었다. 구름 너머에서 내리쬐는 석양이 바다 위로 반사돼 반짝이는 하나의 길을 만들고 있었다. 나는 아름다운 경치를 배경으로 박사와 멋진 사진을 찍기 위해 열심히 기회를 엿봤지만 박사를 에워싼 정적은 호기심으로 가득 찬 내 시선마저 잠잠하게 만들었다. 나는 말없이 카메라를 내려놓고 해변 쪽을 바라봤다.

해변에서는 공사현장의 인부들이 마침 쉬는 시간을 맞아 바다를 바라보고 있었다. 그러다 나는 인부들 너머로 낡은 옷을 입고 화장을 진하게 한 아주머니를 발견했다. 아주머니는 바다

따위는 눈에 들어오지 않는다는 듯 미간을 잔뜩 찌푸리고 가방 안을 정신없이 뒤지고 있었다. 뭔가를 찾고 있는 듯했다. 그 모습을 지켜보던 나도 점차 불안해지며 어느새 돌아가신 외할머니를 떠올리고 있었다.

내가 태어나기 훨씬 전, 외할머니는 성공한 여성 사업가였다. 오래된 앨범 속에서 외할머니는 마치 할리우드 여배우를 연상시키는 화려한 모습으로 자신에게 조언을 구하러 온 높은 사람들과 나란히 서 있었다.

하지만 내 기억 속에 외할머니는 그다지 좋지 않은 이미지와 감정으로 남아 있다. 왜냐하면 기억 속의 할머니는 이미 몇 번의 커다란 실패를 겪은 후의 모습이었기 때문이다. 할머니는 가족들에게 큰 피해를 끼치고도 밉살스런 말을 서슴지 않으며 늘 바닥을 보고 뭔가를 닦고 있었다.

가족들은 외할머니를 둘러싸고 항상 다툼을 벌였다. 아직 어렸던 나는 그런 어둡고 외로운 집에 있는 것이 무섭고도 싫어 견딜 수 없었다. 하지만 집에 없는 사이 더 큰일이 일어나는 것이 두려워 외출을 했다가도 항상 조마조마해하며 서둘러 귀가하곤 했다. 그랬던 외할머니가 갑자기 떠오른 것이다.

나는 문득 정신을 차리고 박사 쪽을 쳐다봤다. 박사는 아까와 같은 자세로 바다를 보고 있었다. 어느새 박사의 곁에는 여러 마리의 하얀 새들이 옹기종기 모여들어 해변에 가만히 몸을 묻고 있었다.

호오포노포노에서는 지금 눈에 보이는 풍경도 내 기억의 재생이라고 말한다.

같은 해변에 있으면서도 박사와 나는 다른 것을 보고 있었다. 박사는 아름다운 바다를 바라보고 있었다. 그 곁에서는 새들마저도 안심되는지 꾸벅꾸벅 졸았다. 반면에 나는 오래된 기억을 떠올리며 감정의 틈바구니에서 불안해했다.

나는 눈앞에 보이는 것과 지금 느끼는 감정을 정화하기 시작했다. 이유는 알 수 없지만 처음 보는 아주머니와 돌아가신 외할머니의 이미지가 겹쳐 보인 것도 정화했다. 그러자 오랫동안 내가 품고 있던 돈에 대한 두려움과 집착이 강하게 떠올랐고 그 감정도 정화했다. 그 당시 아무것도 할 수 없었던 나를 줄곧 탓하며 살아왔다는 생각이 들었지만 그 생각에도 '고마워요, 미안해요, 용서해 줘요, 사랑해요.'를 반복했다.

그러다 문득 어떤 말이 떠올랐다.

"항상 바른 자세를 유지하거라. 그래야만 수많은 아름다운 것들을 볼 수 있고, 그것들이 언젠간 반드시 너를 지탱해 줄 테니까."

당시 중학생이었던 내게 외할머니가 해 주신 말이다.

당시의 나는 그 말을 듣고 마음속에 원망을 담은 채 이렇게 생각했다.

'입만 살아서는. 할머니 때문에 매일같이 가족들이 다투는데 자기는 매일 구부정한 자세로 바닥만 쳐다보고.'

그런데도 당시 외할머니가 했던 그 말이 시간을 훌쩍 뛰어넘어 내게 다가왔다. 외할머니의 말은 그 순간 오키나와 해변에 있던 내 마음에 울려 퍼졌다. 나는 나도 모르게 자세를 바르게 고쳐 앉았다.

그런 내 움직임을 눈치챘는지 낡은 옷을 입은 아주머니가 멀리서 나를 쳐다보며 빙긋이 미소 지어 보였다. 시원한 그 미소는 빠른 속도로 내게 다가왔다. 나는 왠지 마음이 푹 놓이며 밝아지는 것을 느꼈다.

어깨를 톡톡 두드리는 박사의 손길에 나는 자리에서 일어났다. 박사는 내게 이렇게 말했다.

보세요.
수많은 문제와 기억이
산더미처럼 쌓여 있다 해도
지금 이 순간은
이토록 아름다워요.

박사가 무슨 의도로 그런 말을 했는지는 모른다. 하지만 이 경험은 아무리 사소한 일이라도 눈앞에 나타난 일을 착실히 정화할 때, 오랫동안 내려놓지 못한 무거운 기억이 제거되고 진정한 나로 다시 돌아온다는 사실을 깨닫게 해 주었다.

돌아가신 뒤로 내게 떠오르는 외할머니는 어두운 그림자가 드리워진 것처럼 마음 깊숙이 숨기고 싶은 부끄러운 존재였다. 그렇지만 오키나와 해변에서의 경험 이후, 외할머니는 떠올리면 마음이 든든해지는 부적과 같은 존재로 바뀌었다. 지금도 생각하면 왠지 불끈 힘이 솟는다.

이것은 단순히 나의 관점이 긍정적으로 변해 돌아가신 외할머니를 미화할 수 있게 되었기 때문만은 아니다. 그랬다면 그 뒤로도 가족들 사이에서 되풀이하여 들려오는 외할머니의 처량한 추억 이야기에 벌써 효과가 사라졌을 것이다.

하지만 정화를 계속한 결과 오랫동안 외할머니를 통해 보이던 기억을 제거할 수 있었다. 그리고 그 자리에 원래 있던 나와 외할머니의 완벽한 관계가 빛으로 남아 있음을 느끼곤 한다.

지금도 여전히 슬프고 외로운 기억이 뜻하지 않은 순간 재생될 때가 있다. 하지만 정화를 통해 그 기억을 제거하면 언제든 다시 '진짜 외할머니'와 만날 수 있다.

행복할 때의 당신을
진짜 당신이라고 할 수는 없어요.
마찬가지로 울적할 때의 당신도
진짜 당신이 아니고요.
행복과 슬픔, 감동과 분노는
당신의 우니히피리가 보여 주는 기억이에요.
언제나 정화를 통해
제로 상태인 진정한 자신을 되찾으세요.

'지금 이 순간'을 정화하는 것이 핵심이다. 기억을 제거하다 보면 언제든 다시 진정한 나와 만날 수 있다.

휴렌 박사가 전하는 호오포노포노의 말

백화된 하나의 산호 속에는 수백만 개나 되는
생명과 그들의 죽음에 관한 기억이 담겨 있습니다.
단 하나의 체험 속에서도
셀 수 없을 만큼 많은 기억이 재생되고 있습니다.

당신은 감추고 있다고 생각하지만
우니히피리는 당신이 기억을 내려놓을 때까지
언제까지고 성실하게 재생을 계속합니다.
문제의 원인이 자기 안에 있다는 것을
잊어서는 안 됩니다.

자신을 구하는 것은 어머니를 구하는 것.
자신을 구하는 것은 아이를 구하는 것.
자신을 구하는 것은 회사를 구하는 것.
자신을 구하는 것은 지구를 구하는 것.
당신과 나, 우리 모두가 인류의 대표입니다.

오늘 당신이 자신으로 있고자 했을 때
당신의 눈에 보였던 그것이
바로 당신이 지금 봐야 할 것이에요.

6. 다른 누군가가 되려고 애쓰지 말라

박사와 함께 있을 때면 꼭 듣게 되는 말이 있다. 나의 본모습 그대로도 괜찮다는 말이다.

하지만 내게는 받아들이기가 꽤 어려운 일이다. 실제로 나는 늘 어떤 사람이 되려고 하기 때문이다. 이런 일을 하고 있으니까, 일본인이니까, 여자니까, 몇 살이니까, 이런 경험을 해 왔으니까 하고 나도 모르게 혼자 역할 놀이를 하곤 한다.

외국의 한 대학에서 박사가 강연을 한 적이 있다. 나는 강연을 연결해 준 코디네이터에게서 정치가와 대학교수들이 모인다는 말을 듣고 약간 긴장한 상태였다.

누군가와 만날 날이 있으면 박사는 반드시 사전에 그 사람의 이름과 가능하다면 생년월일, 직업, 만날 장소 등을 묻는다. 그리고 만나기 직전까지 정화를 계속한다. 박사는 그 정보에서 나오는 자신의 감정, 즉 원래 그 사람과의 사이에 있었던 기억을 최대한 정화한 뒤에 만나는 것을 중요하게 여긴다. 그래서 그때 나 역시 내가 아는 정보 내에서 정화를 계속했다.

강연 당일은 정화 덕분인지 매우 원활하게 강연이 이루어졌다. 강연이 끝난 뒤, 협력해 준 여러 사람들과 교수, 정치가들과 차를 마시며 매우 온화한 시간을 보냈다.

그런데 돌아오는 길에 박사가 내게 이렇게 말했다.

오늘 하루 고생 많았어요.
그런데 말이죠.
다른 누군가가 되려고 애쓰지 않아도 돼요.
당신 모습 그대로면 돼요.
당신이 누군가가 되려 노력한다면,
모두가 내려놓아야 할 것을
내려놓지 못하게 되고 말아요.

그 순간 나는 잔뜩 움츠러든 온몸의 긴장이 단숨에 풀리는

것을 느끼며, 그제야 몸이 하루 종일 이상하리만큼 경직되어 있
었다는 것을 깨달았다. 특별히 화가 나 있었던 것도 아닌데 머
리로 피가 몰린 기분이었다.

용기가 필요한 일일지도 모르지만,
오늘 당신이 자신으로 있고자 했을 때
당신의 눈에 보였던 그것이
바로 당신이 지금 봐야 할 것이에요.
그것이 우리가 지금 힘써야 할 일이에요.
빛은 늘 빛나고 있어요.
사라지지 않아요.
사랑은 시작도 끝도 없어요.
늘 쏟아지고 있어요.
그러니까 언젠가가 아닌, 지금
당신은 자기 자신으로 있어야 해요.

오로지 당신만이 정화를 시작할 수 있고
빛을 가로막는 덮개를 치울 수 있어요.
빛이 닿았을 때
처음으로 보이는 것이

쓰레기일 수도 있어요.
하지만 그것은 내려놓아야 할
문제이기 때문에 보이는 것이죠.
최고의 재능은 '자기 자신으로 있는' 거예요.
모든 존재는 처음부터
자신의 재능을 가지고 태어나요.
그리고 스스로 자신의 재능을 깨달을 때
주변의 모든 것, 원자와 분자까지도 함께
자신의 재능을 깨닫죠.

내가 기억을 이야기할 때 상대가 듣는 것 또한 기억이며, 내
가 기억으로 치장하고 있을 때 상대가 보는 것 또한 기억이다.

좋은 사람이 아니어도 괜찮아요.
당신은 그저 당신으로 있기 위해
지금의 자신을 정화하면 돼요.
오늘 당신의 가장 큰 임무죠.
당신을 위해 하는 말이 아니에요.
당신이 자신을 잃으면
나도 나 자신을 잃을 수 있어요.

당신이 자신을 잃으면
강연 도중 전하고자 했던 것을
받아들이지 못하는 사람이 나올 수도 있고요.
당신이 당신으로 있지 않은 시간 동안에
만들어진 역사가 모든 존재로부터
'자기 자신'으로 있을 수 있는
장소와 기회를 빼앗기고 말아요.

나는 여자이고, 몇 살이고, 이런 가족이 있고, 이런 교육을 받았고, 이런 직업에 종사하고 있다. 이러한 사실들은 변하지 않지만, 호오포노포노를 알게 된 뒤로는 여기에 '정화하는 나'라는 배역이 새롭게 추가됐다. 호오포노포노를 통해 사람을 만날 때 나는 '정화하는 나'가 되려고 한다.

하와이언은 어느 식물에게나
각자의 재능이 있다는 걸 알아요.
뾰족한 가시가 있거나
고약한 냄새가 나거나
독이 든 열매를 맺는 식물조차도
둘도 없이 소중한 영혼을 가졌다는 걸 알죠.

그 고약한 냄새를 맡고 정신을 차리거나
독을 이용해 벌레를 퇴치하는 등
그 식물은 우리의 이해를 뛰어넘는
신성한 존재이기도 하기 때문에
우리는 그 존재에게 기도하는 거예요.

모든 존재가
나와 신성한 존재가 대화할 수 있도록
중개자의 역할을 해 주는 것이죠.
식물뿐만이 아니에요.
누구나 자신만의 재능과 개성이 있어요.
당신이 당신으로 있을 때
내가 나로 있을 수 있다는
기적과 같은 법칙을
깨달을 수 있어요.

휴렌 박사가 전하는 호오포노포노의 말

당신은 늘
당신이 아닌 누군가가 되려고
애쓰다 지친 것처럼 보이네요.
하지만 당신이 정화를 통해
제로 상태가 되면
신성한 존재가 당신에게
영감을 내려 줍니다.

누구나 '생각'에 중독되어 있어요.
이때 신성한 존재는
당신에게 이렇게 말하고 있어요.

'이봐요!
아까부터 우니히피리가
당신에게 말을 건네고 있어요!'

2부

진정한 나로
돌아가기

"참된 내가 없는 곳에서 나타난 관계는 단순한 기억의 연장
일 뿐이에요. 누군가가 당신에게 끌리는 것은 당신의 우니히
피리가 행복을 느끼기 때문이죠. 당신이 경험하는 행복에 모
두가 이끌리는 거예요."

우니히피리가 당신과 완벽한 파트너십을 회복하면
당신은 외부에서도 그 관계를 경험할 수 있어요.

7. 내가 바라는 것에 진짜 나의 목소리가 있다

완벽한 인간관계를 떠올려 볼 때 나는 우선 완벽하고 이상적인 상대가 필요하다고 생각한다. 그래서 이상적인 가족과 이상적인 연인, 이상적인 친구를 마음속으로 계속 그려 본다. 하지만 아무리 구체적으로 상상한들 그와 꼭 맞는 사람을 만난 적은 없다.

혹시나 하면서 보통의 인간관계에서나 가족 구성원과의 적절한 거리감을 배울 수 있는 세미나에 참가하기도 하고, 피곤해도 친구와 만나는 횟수를 늘리거나 새로운 연애를 시작해 보기도 했지만 아무리 애써도 마음 깊숙이 존재하는 불안감은 사라지지 않았다.

내가 호오포노포노를 만난 건 그런 인간관계에 지쳐갈 즈음 이었다. 이제 막 알게 된 박사가 이렇게 내게 물었다.

어떤 파트너라면 당신은 만족할 수 있을 것 같나요?

거짓말을 하지 않는 사람, 늘 곁에 있어 주는 사람, 정직한 사람, 언제나 다정하고 항상 나를 최우선으로 사랑해 주는 사람, 화를 내지 않고 명령하지 않는 사람, 한번 내뱉은 말은 꼭 지키는 사람, 그리고 늘 나를 칭찬해 주는 사람이라면 최고일 것이다. 억지스러운 건 알지만 이런 가족이나 친구, 연인이 있다면 인생은 장밋빛으로 물들 것 같은 기분이 들었다.

나는 쑥스러워하면서도 절실한 마음으로 박사에게 나의 이상형을 솔직하게 털어놓았다. 혹시 박사라면 내 이상형에 딱 맞는 사람을 찾는 방법을 알려 줄지도 몰랐다.

그건 우니히피리가
당신에게 보내는 메시지예요.

하지만 박사는 그 한 마디뿐이었다. 기대했던 대답이 아니어서 약간 실망하면서도 나는 다시 한 번 내가 다른 사람에게 바라는 점을 마음속으로 되뇌어 봤다.

'거짓말을 하지 않는 사람. 내가 아무리 부끄럽고 바보 같은 실수를 저질러도 늘 곁에 있어 주는 사람. 무조건적으로 다정한 사람. 내가 멍청하고 추한 행동을 하더라도 무시하거나 감정적으로 화내지 않는 사람. 바쁘거나 다른 사람과 있을 때도 나를 잊지 않고 소중히 챙겨 주는 사람.'

당신이 누군가에게 불만을 품거나
불완전함을 느끼는 것은
우니히피리가 당신에게 보내는 중요한 신호예요.
마음의 눈을 뜨고 그 신호에 집중해 보세요.
우니히피리의 목소리가
들리지 않는 사람은 이 세상에 없어요.
당신의 감정과 경험을 통해 우니히피리는
끊임없이 당신에게 말을 건네고 있어요.

나는 줄곧 우니히피리의 목소리가 내게는 들리지 않을 거라고 생각해 왔다. 오랜 세월 정화라는 이름의 수행을 쌓지 않으면 우니히피리는 말을 걸어오지 않는다고 여겼다. 하지만 박사의 말에 따르면, 내가 누군가에게 무언가를 바라거나 기대할 때 나타나는 감정과 언어를 통해 나는 지금까지 우니히피리의 목소리를 듣고 있었다. 그 목소리를 단순히 부끄럽고 쓸데없는 감정이라며 모른 척할 것인지 아니면 새겨들을 것인지는 나에게 달렸다. 그렇다면 우니히피리의 목소리를 무시해 온 쪽은 나였다.

당신이 순수한 제로 상태에 있다면
언제 어디서나 완전한 관계를 맺고
만족감을 느낄 수 있어요.
누군가와의 관계에서 문제가 발생하거나
뭔가 부족하다고 느낄 때는
즉시 자신의 우니히피리를 떠올려 보세요.

우니히피리가 하는 말을 들어 보세요.
그 인간관계에서 발생한 문제의
원인을 보여 주는 것이 우니히피리예요.
그럼 어떤 말을 해야 할지 보일 거예요.
'지금까지 내버려 둬서 미안해, 용서해 줘.'

나는 늘 이렇게 말한답니다.
우니히피리가 당신과
완벽한 파트너십을 회복하면
당신은 외부에서도 그 관계를
경험할 수 있어요.

어떤 문제가 발생하면 나는 우니히피리에게 말을 건네는 것을 잊어버리곤 한다. 의지할 수 있는 누군가를 찾아 상담하고 조언을 구하거나 돈이나 일, 취미, 여행처럼 나 자신이 아닌 다른 무언가로 해결하려 하는 것이다. 그렇게 아등바등하는 사이에 우니히피리의 존재까지도 까맣게 잊고 만다.

반면에 내가 나 자신인 우니히피리에게 하는 말이라고는 무슨 일을 실패했을 때 스스로를 몰아세우는 말뿐이다.

"왜 이렇게 한심한 행동밖에 못하는 거야!"

"왜 실패한 거지!"

"아, 하는 일마다 엉망이야. 나는 바보인가 봐. 어차피 아무도 날 사랑하지 않을 거야."

생각해 보면 지금까지 나는 내 일부인 우니히피리를 무시하는 폭언을 일삼으며 우니히피리에게 많은 상처를 입혀 왔다. 그러면서 끝내는 '나는 대체 누구인가?' 하는 생각에 망연자실했던 것이다.

우니히피리는 자기 자신이에요.
당신은 자신의 의지로
자신이 바라는 일을 이룰 수 있어요.
이 사실을 잊어서는 안 돼요.
당신이 일단 우니히피리와
참된 관계를 맺는다면
다른 사람이나 생활환경과도
참된 관계를 맺을 수 있어요.

누군가에게 바라는 것이 있거나 관계에서 부족한 점이 있다면 우선 그것을 자신의 우니히피리에게 전달해 보자. 예를 들어 외롭다고 느낄 때는 충분한 시간을 들여 우니히피리와 단둘이서 공원을 산책해 보는 것도 좋다. 영화나 책을 보기 전과 보고 난 후에 '같이 정화하자.' 하고 잊지 않고 말하는 것도 중요하다. 내 안에서 터져 나오는 감정은 전부 우니히피리의 목소리다. 오랫동안 나의 우니히피리가 바라던 것에 귀를 기울여 보자.

우니히피리는 유머 넘치는
멋진 아티스트예요.
최고의 친구죠.
당신이 당신 자신인 우니히피리와
진정한 유대를 회복할 때
그것을 외부의 여러 상황에서 체험할 수 있어요.

호오포노포노를 알기 전 나는 사람이 많은 곳을 두려워했다.
한편으로는 혼자서 겉도는 것이 두려워 '친한 사람'을 찾아 열
심히 돌아다녔다.

하지만 혼자 있는 것을 힘들어한다는 것이 다른 사람과 같이
있으면 잘 지낸다는 뜻은 아니다. 나는 남과 약속하는 것에도
서툴러, 초등학생 시절부터 아무리 친한 친구와의 약속이라도
막상 그날이 닥치면 괜스레 겁이 나고 귀찮아서 끝내는 두려워
할 정도였다.

'혼자'라는 건 결코
슬프거나 따분한 게 아니에요.
당신 내면의 세 가족이 손을 맞잡을 때

당신은 비로소 '혼자'를 경험할 수 있어요.
하지만 이것은 당신이 아는
'외톨이'를 의미하지는 않아요.

가장 풍요롭고 최고의 상태인 '혼자'가 될 때
마침내 알 수 있을 거예요.
그 무엇도 당신을 가로막진 못해요.
동시에 어떤 사람과 경험이든,
당신이 기억에서 벗어날 기회를 주기 위해
찾아왔다는 것에 감사할 수 있게 되죠.

나는 오랫동안 '혼자'라는 건 외롭고 창피한 일이라고 마음 한구석에서 굳게 정의 내리고 있었다. 책이나 요가 수업 등에서 혼자만의 시간을 소중히 할 것을 수차례나 들었고 혼자일 때의 편안함을 익히 알면서도, 의도하지 않은 부분에서 혼자가 되어버린 순간이면 역시나 외로움을 느꼈다.

오래전 초등학교 저학년 여름방학에 부모님이 신청한 2주간의 어린이 캠프에 참가했을 때 나는 단 한 명의 친구도 사귀지 못했다. 그때 나는 2주 동안 느낀 외로움보다 집에 돌아온 뒤

내 경험담을 기대하는 부모님을 실망시키고 싶지 않아 지어낸 이야기를 했을 때의 비참함이 항상 마음에 남아 있었다.

하지만 지금은 정화를 배웠다. 나는 박사의 말에 어릴 적 내 모습을 떠올리고 새삼 우니히피리에게 말했다.

'외로웠던 기분을 보여 줘서 고마워. 오랫동안 내버려 둬서 미안해.'

참된 내가 없는 곳에서 나타난 관계는
단순한 기억의 연장일 뿐이에요.
누군가가 당신에게 끌리는 것은
당신의 우니히피리가 행복을 느끼기 때문이죠.
당신이 경험하는 행복에 모두가 이끌리는 거예요.
따라서 만약 당신이 지금 외롭다면
자신과 우니히피리의 관계를 충족시키는 것부터
우선 시작해야 해요.

나는 지금도 사람들과의 만남과 이별에 울고 웃는다. 무의식 중에 남의 시선을 끌기 위한 치장과 언동을 선보이기도 한다. 하지만 그 사실을 깨달으면 즉시 우니히피리의 곁으로 돌아오도록 노력한다.

예를 들어 사람들과 만날 기회가 주어졌을 때 일단 마음에 맞는 사람을 찾기보다는 우니히피리와 함께하려고 한다. 이별이 찾아왔을 때도 헤어진 사람에게 마음을 쓰며 아픔을 달래기보다는 우니히피리에게 말을 건넨다. '오랫동안 이런 긴장과 슬픔 속에 있었구나, 정화하자.' 하고.

그러면 곧 흥분과 고통이 부드럽게 가라앉고 나를 되찾은 편안함을 깨닫게 된다. 그 깨달음 뒤에는 신기하게도 새로운 만남이 기다리고 있다. 대부분은 멋진 만남일 때가 많지만 새로운 사람이나 취미, 또는 성가신 문제를 만날 수도 있다. 하지만 언제나 자신의 목소리에 귀를 기울이고 '혼자'인 상태로 돌아가면 자신에게 주어진 무한한 관계와 가능성을 깨달을 수 있다.

당신이 자신을 이야기하지 않아도,
우니히피리와 함께 있으면
상대는 당신을 보고 들을 수 있어요.
데이트나 면접, 회의를 할 때에도
자신을 지나치게 꾸미거나
말을 많이 하지 않아도,

우니히피리와 함께 있으면
당신의 참된 모습이 상대에게 비친답니다.

당신이 잘못된 표현을 쓰거나
깜빡 잊고 전하지 못한 말도
상대가 이해할 수 있죠.
더는 돌아오는 길에
자신을 탓하거나
후회하지 않아도 됩니다.

휴렌 박사가 전하는 호오포노포노의 말

'러브·제로'
테니스 경기를 본 적이 있나요?
테니스 점수는 러브(Love)인 0점에서 시작해,
15점, 30점, 40점으로 계산합니다.
경기는 러브, 즉 제로와 사랑에서 시작됩니다.

이 러브라는 단어를
호오포노포노의 시점에서 생각해 볼까요.
러브는 점수가 나지 않은 상태,
상금이나 보수도 없고, 손실이나 이득도 없는 상태,
무(無)의 상태를 의미합니다.
사랑은 모든 것을 내려놓고
아무것도 없는 상태로 우리를 돌려보냅니다.

러브는 제로, 당신과 나처럼
하나의 인간을 사랑이라는 무의 상태,

무이자 전부인 상태,
전체(Wholeness)로 이끕니다.
전체에 도달하려면
우리는 정화를 통해
분노, 공포, 자책, 타책(他責), 원한,
자신을 괴롭히는 사고방식, 유해한 에너지 등을
제로로 만들어야 합니다.

원망이나 기대 등의 감정과 생각은
우리의 마음을 흐트러뜨려 부조화를 불러 오고
심신을 망가뜨립니다.

인생을 살아가는 목적,
생명의 본래 의미는
사랑으로 되돌아가는 것입니다.
먼 훗날이 아닌
지금 이 순간
사랑으로 되돌아가는 것입니다.

누구에게나 자신만의 신성한 존재가 있어요.
신성한 존재는 각자에게 완벽한 것을 안겨 주니 안심해요.
당신은 그저 당신의 일에 집중하면 돼요.

8. 자신을 소중히 대한다는 것

가족에게 안 좋은 일이 있을 때는 뭘 해도 즐겁지 않다. 가령 질병으로 고통 받는 가족이 있으면 아침부터 저녁까지 머릿속에서 그 일이 떠나지 않는다. 다른 일에 집중하느라 아픈 가족을 잠시 잊으면 죄책감마저 든다. 업무를 볼 때도 그 생각이 머릿속에 가득해 우울한 기분이 지속된다. 언젠가 그런 상태에 있는 내게 박사가 이렇게 말했다.

자신을 소중히 다루고 사랑하는 것은
신에게 감사하는 자세예요.
어떤 일을 겪든 우선은
자신의 우니히피리를 돌봐야 해요.

즉 자신과 충분한 시간을 함께하며
그 순간을 마음껏 누리는 것이죠.
이것은 모든 것의 근원인 신성한 존재에게
마음 깊숙이 고맙다고 말하는 것과 같아요.

'걱정스러운' 기억이 재생될 때 나는 그 자리에서 멈추는 것
만이 최선이라고 착각했기 때문에 정화도 하지 않고, 우니히피
리의 존재도 잊어버렸다.

하지만 가족이 아플 때도 정화는 계속할 수 있다. 병문안을
가면서, 가족의 등을 부드럽게 어루만지면서, 편의점에서 선물
용 젤리를 고르면서 내 안에서 경험하고 있는 그 문제에 '고마
워요.' 하고 말을 건네면 된다.

또 친구와 즐거운 시간을 보냈다면 그 '즐거움'을 정화하고,
돌아오는 길에 불안함을 느낀다면 '고마워요, 사랑해요.' 하고
말하면 된다. 나는 일단 책임지고 그 말을 반복하기로 했다.

내가 행복해진다고 해서
누군가 괴롭고 불행해진다고
생각하는 사람이 있어요.

하지만 그건 착각이에요.

당신이 기억을 제거하고

우니히피리에게 행복과 사랑이 전해지면

오로지 조화만이 나타나죠.

걱정할 필요 없어요.

과거의 기억 탓에

행복을 두려워하는 사람이 굉장히 많아요.

하지만 참된 행복을 느끼며

신에게 감사하는 것에

죄책감을 느낄 필요가 있을까요?

박사의 말을 듣고 내가 나와 함께하며 정화를 통해 신성한 존재에게 '고마워요.'라고 말할 수 있다는 사실을 문득 깨달았을 때 오랫동안 내 안에서 숨 쉬던 불안과 죄책감이 사라졌다.

그와 동시에 내가 가장 사랑하는 가족 한 사람이 마음의 건강을 되찾아 사소한 것에서도 아름다움을 발견하고 즐기게 되었다. 또한 자연스럽게 몸에 좋은 것을 즐겨 먹게 되었다.

당신의 영혼을 우울하게 만드는

자기 부정을 정화하세요.

가족과의 관계, 그리고 가족이 병으로 고통 받는 경험을 통해 신성한 존재가 내게 말없이 표현하고 있다는 사실을 문득 깨달았다. 지금까지는 떨어지지 않은 발걸음으로 터덜터덜 병원을 나섰지만, 이제는 가족에 대한 진심어린 감사의 마음과, 시간을 함께 할 수 있다는 기쁨과 즐거움을 느끼게 되었다.

그때 나는 눈에 보이지 않는 커다란 존재에게 큰 목소리로 '고마워요!' 하고 외치고 싶었다. 이 경험은 내 가족이 병으로 고통 받는 현실, 즉 내 기억을 정화함으로써 주어진 것이다.

누구에게나 자신만의 신성한 존재가 있어요.
신성한 존재는 각자에게
완벽한 것을 안겨 주니 안심해요.
당신은 그저 당신의 일에 집중하면 돼요.

박사의 한 마디가 나에게 나와 사랑하는 가족과의 진정한 유대감을 깨닫게 해 주었다. 그리고 큰 병으로 고생하던 가족은 이후 의사로부터 '평생 끊기 어려울 것'이라고 들었던 약을 기적적으로 끊게 되었다.

휴렌 박사가 전하는 호오포노포노의 말

자기 자신을 가장 소중히 여기세요.
그밖의 것은 언제나 그 다음입니다.
그것에 죄책감을 느낀다면
그것이 바로 당신의 우니히피리,
이 우주 전체가 내려놓고 싶어 하는
괴로운 기억입니다.

나는 압니다.

그 무엇보다 자신을 소중히 여기는 사람은
누구보다도 자연과 주변에 있는
사람, 생물, 집 등 모든 존재를 소중히 다룬다는 것을요.
모든 존재에 정성껏 사랑을 표현하는
최고의 아티스트지요.
강력한 천사와 같은 사람입니다.

사랑받고 있다는 것을 아는 우니히피리만큼
최고의 아이디어를 주는
존재는 없습니다.

완벽한 타이밍과 환경까지
준비해 주는 존재는 없습니다.

그러니 자신을 소중히 여기세요.

당신이 외부에 바라는 것을
당신은 지금 당장 자신에게 줄 수 있습니다.
그것은 분명 자유와 사랑과 평화겠지요.

당신 안에서 사랑을 체험할 때
당신의 단 한 마디로
사랑의 씨앗은 제자리를 찾아갑니다.
당신 안에서 평화를 체험할 때
당신이 보내는 메일 한 통으로
평화의 씨앗은 제자리를 찾아갑니다.

각자가 진정한 자신을 되찾고
행복해지는 것에 책임을 다할 때
이 우주의 구석구석까지
호오포노포노의 정화 작용이
두루 미칩니다.

당신이 정말로 필요한 것을 되찾으면
주변의 모든 것들도
필요한 것을 되찾을 수 있습니다.

시간이 빠르거나 느리다고 느낄 때도
네 마디 말을 해 보세요.
시간은 현세에서 정화해야 할 수많은 기억을
당신과 공유하고 있어요.

9. 시간은 소중히 다루지 않으면 달아난다

딱 한 번 박사와 만나기로 약속한 시간에 늦은 적이 있다. 글자 그대로 머릿속이 새하얘졌고, 당황하고 면목이 없어 박사에게 '늦어서 정말 죄송해요!' 하고 연신 사과하는 수밖에 없었다. 그때 박사는 진지한 얼굴로 이렇게 말했다.

사과를 받아야 할 존재는
내가 아니에요.
오히려 사과를 한다면
시간과 당신의 우니히피리에게 해야죠.

만약 당신이 평소에도 시간 관리에 서툴다면,

이건 시간이 자신을
소중히 다뤄 주지 않는다며
당신을 거부하는 신호일 수 있어요.

뜨끔했다. 나는 그다지 바쁘지 않은 날에도 종종 시간이 부
족하다고 느끼곤 했다. 몇 번이고 시간을 확인하며 채비를 하
고, 어느 정도 하루의 계획을 세워 놨는데도 시간 분배가 제대
로 되지 않아 할 일을 뒤로 미루고 늘 조급해하곤 했다. 친구에
게서도 곧잘 초조해 보인다는 말을 들었다.

한편 마음이 불편한 장소나 현장을 마주했을 때는 시간에게
'시간아 빨리 지나가, 얼른얼른 지나가!' 하고 마음속으로 소리
쳤던 적도 적지 않다.

어느 쪽이 됐든 시간과 나의 관계를 돌이켜 보면 그다지 좋
은 관계라고는 할 수 없었다.

이 순간이 자신에게 주는 것을
정화하지 않으면 안 돼요.
그러면 시간은
'여기서는 더 이상 숨 쉴 수 없어.'

'이곳에 있고 싶지 않아.' 하며
당신 곁에서 달아나려고 할 거예요.

그러면 시간의 영혼은
원래 인도하려던 곳으로
당신을 데려가지 못하고
기능을 멈추고 말아요.

시간이란 본래
아주 풍요롭고 창조적인 존재지만
당신이 내려놓지 않으려고 하는
'과거' 탓에 시간 자신도
옴짝달싹 못하게 되는 것이죠.

박사는 시간에 대해 이렇게 가르쳐 줬다.

우리와 마찬가지로 시간은 의식과 기억을 지니고 있다. 내가
내려놓은 기억은 시간도 함께 내려놓는다. 반대로 지금 눈앞에
나타난 것을 내면을 향해 말하지 않고 내려놓아야 할 기억을 그
대로 가지고 있으면, 시간이 지닌 본래의 기능조차도 손상되고
만다.

시간을 함부로 다룬다면

당신은 이 세상에서

갈 곳을 잃어요. .

시간에게 미움을 받는 사람은

어디에도 자리가 없죠.

시간을 가볍게 다룬다면

우주는 당신에게 시간을 주지 않을 거예요.

도저히 시간 관리가 제대로 되지 않는다면

일상적인 경험을 정화하는 데

주의를 기울여 보세요.

식사 중 옆자리에서 들려오는

다투는 소리나

갑자기 폐점한 단골집 등

매일 경험하는 사소한 일상을

정성껏 정화하다 보면,

기억으로 인해 막혀 있던 것이

다시 흐르기 시작하고

원래의 균형을 되찾을 수 있어요.

물론 당신과 시간의 관계도 그렇답니다.

아주 사소한 일도 시간을 초월해 지금으로 이어져 우리가 경험하는 대상이 된다. '정화해야 할 기억'과 '정화하지 않아도 되는 기억'으로 머리로 선별하는 것이 아니다.

아침에 일어나 그날의 일정을 미리 정화하고, 매일 타는 지하철을 정화하고, 때때로 시계를 들여다볼 때 눈에 들어오는 것도 정화해 보자.

무엇보다도 이 시간이 가져다 준 상황을 '바로' 정화하는 것이 가장 중요하며, 그것이 시간이라는 영혼에게 표현할 수 있는 가장 큰 경의라고 박사는 말한다.

시간이 빠르다,
혹은 느리다고 느낄 때도
네 마디 말을 해 보세요.
예정보다 용무가 빨리 끝나서 신이 날 때도
'사랑해요.' 하고
마음속으로 말해 보세요.

현세에서 정화해야 할
수많은 기억을 시간은

당신과 공유하고 있어요.
그리고 시간이 있기에
당신은 '나'를 표현할 수 있죠.

시간을 정화한 지는 그리 오래되지 않았다. 그것은 내게 주어진 가장 큰 과제다. 시간에 휘둘려 울고 싶은 날이 더 많지만 그때도 정화를 하면서 우니히피리가 '시간'을 통해 가져다 주는 것에 고마워하며 조금씩 나를 되찾아가는 경험을 하고 있다.
  "시간아, 내 곁에 있어 줘서 고마워."

휴렌 박사가 전하는 호오포노포노의 말

자신의 생명에 집중하세요.
우니히피리가 보여 주는 이야기 속에서
미아가 되지 마세요.
지금의 경험 하나하나가
진정한 당신을 되찾기 위한 조각임을
늘 마음속으로 유념하세요.
그리고 지금 당장 당신의 내면에 집을 지어 보세요.
당신을 키워 주고 은혜를 베푸는 집을 말이죠.

안정(STABLE)
안심(SECURE)
평화(PEACE)

집은 이 세 가지로 이루어진답니다.

어떤 일이 자꾸 생각이 나고 벌어지는 것은
완벽히 정화하지 못했기 때문이에요.
기억이 있기 때문에 여행을 하고 음악을 듣고
남과 대화를 하고 무언가를 나누는 것이죠.

10. 언제나 내려놓을 기회는 있다

언젠가 박사가 머물던 호텔에 걸린 그림을 보고 아름답다고 말한 적이 있다. 그러자 박사가 웃는 얼굴로 이렇게 말했다.

정화가 진행되고 있군요.
당신의 우니히피리가
이 그림을 보는 당신에게
정화할 기회를 또 한 번 주었어요.

그렇다. 나의 우니히피리는 항상 나를 다양한 정보나 기억과 만나게 해 준다. 정화해야 할 기억은 결코 슬픔이나 고통이 따르는 문제만을 가리키지 않는다. 아름다운 음악이나 그림, 사진이나 좋아하는 옛날이야기, 요리나 영화 등 내게 감동을 주는 경험에서도 내려놓아야 할 다양한 '기억'이 있다.

그 그림을 보고
당신이 아름답다고 느낀 건
과거에 경험한 기억을 우니히피리가
품고 있기 때문이에요.

이처럼 '정화하기 위해 일어나는 일'이라고 의식하지 않아도 그저 우니히피리가 만나게 해 준 것에 솔직히 고마워하고 감동하는 순간 방대한 기억은 다시 우리의 눈앞에 나타난다. 이 기억을 정화하면 되는 것이다.

정화란 단순히 모든 감정을 버리고 어떤 일에도 동요하지 않는 것이 아님을 박사의 모습을 보면서 배웠다. 박사 또한 때로는 농담을 던지고 웃음을 나누며 그림과 음악을 즐길 줄 아는 매우 매력적인 사람이니까.

어떤 일이 자꾸
생각이 나고 벌어지는 것은

완벽히 정화하지 못했기 때문이에요.

기억이 있기 때문에

여행을 하고 음악을 듣고

남과 대화를 하고 무언가를 나누는 것이죠.

이건 잘못된 것이 아니라

그저 다양한 형태로 찾아오는

정화할 기회이니,

머릿속으로 이것저것 고민하지 말고

솔직하게 정화하는 것이 중요해요.

독자 여러분도 여행 중에 여행과는 전혀 상관없는 기억이 문득 떠오른 적이 있을 것이다. 나는 이곳저곳을 방문할 때마다 갖가지 생각에 사로잡힌다. 예전의 나였다면 센티멘털한 기분에 젖는 것으로 그쳤을 것이다. 그러나 호오포노포노를 알게 된 뒤로는 이것이 바로 우니히피리가 이 여행을 통해서 보여 주는 정화의 기회임을 있는 받아들이고 정화를 시작한다.

최근에는 이런 일이 있었다. 유럽 여행 중에 거대한 석회암 동굴을 걷고 있는데 갑자기 옛 숙모가 생생히 떠올랐다. 전혀 예상하지 못했던 일이었기 때문에 뜻밖의 재회처럼 반가운 마음과 약간은 난처한 마음이 동시에 들었다. 나는 그 마음을 한꺼번에 정화했다.

'우니히피리, 아직 제거되지 않은 내 안의 기억을 보여 줘서 고마워. 옛 숙모, 어릴 적에 놀러 가면 맛있는 요리도 해 주시고 보살펴 주셔서 감사해요.'

나는 왠지 막혔던 곳이 뻥 뚫린 듯 상쾌한 기분으로 석회암 동굴을 나섰다.

여행을 무사히 마치고 반 년 정도 지났을 무렵, 다른 가족의 주선으로 미국 시애틀에 사는 숙부를 만나러 가는 여행 일정이 잡혔다. 그곳에서 우리는 크게 달라진 숙부의 생활방식을 보고 깜짝 놀랐다. 이전까지는 완고하고 부정적인 말만 하던 숙부가 밝고 익살맞고 재미있는 숙부로 변한 것이다. 검소한 집으로 이사해 멋진 새 숙모와 빛으로 가득한 생활을 보내는 숙부의 모습은 익숙한 데가 있었다. 그때 옛 숙모를 떠올리며 느꼈던, 나의 영감 그 자체였다. 나는 숙부의 제안으로 인근에 사는 옛 숙모를 만나 차를 마셨고 이번에는 실제로 감사의 인사를 전할 수 있었다.

그 후 심장병으로 한동안 고생하다 돌아가신 숙부를 간호한 사람은 옛 숙모였다. 만약 그때 내가 옛 숙모를 정화하지 않고 그냥 그렇게 소원해져버린 관계였다면, 피로 이어지지 않은 옛 숙모에게 숙부의 병간호를 맡긴 것에 고마운 마음 외에도 후회와 송구스러움이 쓰디쓰게 남았을 것이다.

오랜 시간을 함께했던 옛 숙모의 병간호를 받다 돌아가신 숙부의 얼굴은 지금까지 본 적 없을 만큼 평온했고, 가족 모두가 평화롭게 모여 마지막을 맞이할 수 있었다. 그리고 옛 숙모에게 진심어린 마음으로 '감사해요.' 하고 웃으며 말할 수 있었다.

물론 정화를 마치고 나서 어떤 결과가 나타날지 나는 알지 못한다. 하지만 불쑥 떠오른 기억에는 그럴 만한 이유가 있고, 그것을 그 자리에서 정화하면 훗날 반드시 다른 형태로 균형을 되찾아간다. 나는 마치 정화의 보상처럼 느껴지는 기분 좋은 경험을 여러 번 해 왔다.

우리는 언제나 우니히피리가 표현하는
기억과의 '만남의 장'에 서 있어요.
그리고 우리에게는 '정화'라는

멋진 도구가 늘 쥐어져 있죠.

그 만남에서 우리는

풍요로움과 평온, 사랑을

자유롭게 선택할 수 있어요.

2011년 3월, 강연을 위해 박사와 처음으로 대만을 방문했을 때 잠시 빈 시간을 이용해 고궁박물관을 찾았다. 그리고 만날 시간을 정한 뒤 각자 자유롭게 관람하기로 했다. 줄곧 와보고 싶었던 곳에 오자 가슴이 설렌 나는, 박사가 어느 말 동상을 감상하는 것을 확인하고 이내 각 층을 돌아보기로 했다.

두 시간이 지나고 같은 장소로 돌아왔을 때 박사는 여전히 말 동상을 보고 있었다. 박사는 그날 대만의 출판사 관계자와 이야기를 나눌 때도 그 말 동상을 화제로 꺼냈다. 차를 마실 때도 그 말 동상이 있는 박물관의 이름을 되물었다. 박사의 우니 히피리는 말 동상을 보고 대체 어떤 기억을 박사에게 전해 준 것일까.

나라면 그냥 지나치고 말았을 법한 일임에도 불구하고 박사는 멈춰 서서 진지하게 정화를 할 때가 종종 있다. 어느 시골 마을을 지나다 잠시 들른 미술관에서 본 그림 한 점, 해안까지

떠밀려온 미역 한 줄기, 찻집에서 작은 찻잔에 담겨 나온 보이차의 표면……. 그저 가만히 들여다보고 있을 뿐이지만 박사가 정화를 하고 있다는 것을 분명히 알 수 있다. 그럴 때면 나도 허둥지둥 정화를 시작한다. 그 뒤 박사가 정화를 마치고 가만히 얼굴을 들어 미소지어 주는 그 순간이 내 마음속에선 늘 보석처럼 빛난다.

휴렌 박사가 전하는 호오포노포노의 말

기억은 악인이 아닙니다.
기억은 나쁜 것이 아니지요.
기억이 우리를 지탱해 준 적도
얼마든지 있을 것입니다.

하지만 기억을 그대로 방치하면
아무리 노력해도 자기 자신을 잃게 됩니다.
그것이 비극의 시작입니다.

우니히피리는 매우 성실합니다.
언제부턴가 쌓이기 시작한 기억을
끊임없이 재생합니다.

아무도 관심이 없고,
보려고 하지 않는
그 기억을 수없이 반복하고 반복하며

당신이 제거해 줄 때까지
형태를 바꿔 쉼 없이 재생합니다.

기억을 제자리로 돌려보낼 수 있는 것은
오로지 표면의식인 자신뿐입니다.

내가 시작하지 않으면
누구도 시작할 수 없습니다.

당신이 우니히피리에게 얼마나 성실한지가 중요해요.
기억에 중독되어 우니히피리를 잊어서는 안 돼요.

우리는 보통 친구를 만날 때 헤어질 시간을 대강 마음속으로 정해 놓고는 한다. 그렇지만 막상 친구를 만나면 즐거운 나머지 정해 놓은 시간이 다 되어도 '조금만, 조금만 더. 에이, 모르겠다.' 하고 분위기에 휩쓸려 눌러앉을 때가 있다.

하지만 그렇게 뭉그적거리다 보면 즐거웠던 분위기가 처음과 달라지는 경우가 적지 않다. 조금 전까지 평화롭고 활기찼던 공간이 짜증과 질투, 조바심과 불안이 흘러넘치는 장소로 변모하거나, 화기애애했던 친구에게 괜스레 미운 감정이 싹트기도 한다. 마치 12시가 지나자마자 마법이 풀리고 모습이 바뀐 신데렐라 같이 말이다. 그런 식으로 당황스러워했던 적이 많았다.

우니히피리는 당신의 사소한 약속도
놓치지 않고 듣고 있어요.

이것만 손에 넣으면 그만둔다거나
이번 일이 잘되면 믿어 보겠다는 다짐도
전부 듣고 있지요.
당신이 마음속으로 속삭인 작은 약속을
우니히피리는 빠짐없이 듣고 있어요.

어느 날 박사는 이런 사실을 가르쳐 줬다.

시간 가는 줄 모를 만큼 즐거운 한때나 몸이 달아오를 만큼 무언가에 집중하고 있을 때(쇼핑을 할 때, 여행 중에, 텔레비전이나 인터넷에 빠져 있을 때 등)에는 우니히피리의 존재를 잊어버리기 쉽다.

실제로 누군가와 약속한 것은 아니지만, 어쨌든 마음속으로 돌아갈 시간을 정했음에도 불구하고 '조금만 더, 조금만 더……' 하면서 스스로 정한 처음의 작은 약속을 지키지 않고 어물쩍 넘어갈 때마다 자기 안에 불성실한 검은 악마가 숨 쉬는 것을 조금이라도 느낀다면 그것이 바로 우니히피리의 목소리라고 한다.

당신이 당신의 우니히피리에게
얼마나 성실한지가 중요해요.
기억에 중독되어
우니히피리를 잊어서는 안 돼요.

물론 즐거울 때는 천천히 그 시간을 즐기는 것도 좋다. 하지만 나는 늘 그 즐거움에 몰입한 나머지 마치 중독처럼 빠지고 만다. 어떤 일에 '몰입'한다는 것은 멋진 일이다. 하지만 기억에 중독된 채 몰입하는 것은 마치 컴퓨터를 지나치게 사용하거나 텔레비전을 너무 오래 봐서 머리가 아픈 것과 비슷하다. 어릴 적 공원에서 마음껏 뛰노는 일에 몰입하던 것과는 다르다.

힘들 때 우니히피리에게 말 걸듯
기쁘고 즐거울 때도 우니히피리를
항상 곁에 두세요.

박사는 이렇게도 말했다. 즐거움에 몰입하고 있을 때도 자기 안의 우니히피리와 함께할 수 있다. 아주 잠깐, 심호흡을 한 뒤 눈앞의 즐거움을 정화하고 자기 안에 떠오른 예전의 기억도 정화하면 된다.

무언가에 지나치게 몰입하고 있으면
우니히피리의 목소리를 들을 수 없어요.
당신이 오롯이 '혼자'인 상태가 아니고
'진정한 자신'을 잃은 상태이기 때문이죠.
그때 당신이 느끼는 피로와 우울감은
우니히피리가 당신과
함께하기 싫어한다는 증거예요.

즐거움에 빠져 있을 때도 작은 목소리가 들려올 때가 있다. '좀 피곤한데?', '왜 이렇게 허무한 기분이 들지?' 하는 목소리가 아주 잠깐이지만 희미하게 들려온다. 무언가에 몰입하고 있을 때조차 그 희미한 목소리에 귀를 기울여, 단 1초라도 정화를 해보자.

머리를 지나치게 사용해 산소 결핍으로 두통이 몰려올 때에는 내가 기억을 재생하는 기계가 된 느낌이다. 그때의 나는 사람과 장소를 향해 끊임없이 기억을 토해 낸다. 즐거운 시간을 보낸 뒤에 허무함과 슬픔이 밀려드는 것은 분명 이 때문일 것이다.

아쉬울 때만 '우니히피리, 돌아와.' 하고 부탁하기보다는 우니히피리가 늘 내 곁에 있고 싶어 하도록 잊지 말고 항상 정화를 하자.

'지금 이 시간을 이 사람들과 함께 할 수 있어 무척 즐거워. 보여 줘서 고마워, 우니히피리. 좀 피곤하긴 하지만 이것도 기억의 재생이겠지. 정화한 뒤에 어떻게 할지 함께 결정하자.'

즐거움에 대한 기대나
일에 대한 집착은
우니히피리를 힘들게 해요.

박사는 내게 앞으로 살아갈 시간에 대해 어떤 기대나 집착을 가지면 그 즉시 우니히피리에게 빛이 차단된다고 말했다. 내게 일어나는 일도, 그때 맛보는 감정도 모두 정화의 대상이다.

우니히피리는 내게 온갖 정보를 제공해 주고 언제나 길을 알려 준다. '즐거움'에 빠져 있거나 빈둥빈둥 게으름을 피울 때도, 정화를 하면서 내면에 귀를 기울인다면 우니히피리는 계속 내 곁에서 나와 함께할 것이다.

휴렌 박사가 전하는 호오포노포노의 말

오늘은 우니히피리와 함께 지내 보세요.
우니히피리의 보호자로 살아 보세요.

기쁠 때도 함께
슬플 때도 함께
화가 날 때도 함께
오늘 하루는 함께해 보세요.

우니히피리의 목소리가
들리지 않을 리 없어요.
당신의 마음이 멈추는 일은 없으니까요.
당신의 모든 생각과 감정은
우니히피리가 보여 주는 거예요.

가끔은 혼자서 공원에 가 보세요.
진정한 '나'를 음미하기 위해

우니히피리, 우하네, 아우마쿠아 모두의 손을 잡고
진정한 '나'를 마주하기 위해
홀로 공원에 가 보세요.

눈에 보이는 광경,
귀에 와 닿는 소리,
멈추지 않는 생각,
추위와 더위,
모든 경험을 우니히피리와 이야기해 보세요.
정화로부터 시작되는 대화를 나눠 보세요.
함께 호흡을 해 보는 것도 좋아요.
HA 호흡은 우니히피리와 나눌 수 있는
가장 강력한 소통이지요.

들리는 것이 사랑이든 공포든
우니히피리와 함께해 보세요.
귀갓길에도 함께해 보세요.
다음 날 아침도 함께해 보세요.
그 다음 날도, 그 다음 날도 말이죠.

오랜 시간을 지나 마침내 만난 우니히피리와
앞으로 어떻게 지낼 것인지
당신은 선택할 수 있어요.
다시 이산가족이 될 수도 있고,
서로 손을 맞잡고
진정한 집으로 돌아갈 수도 있어요.

당신과 우니히피리가 함께할 때
빛은 마침내 당신 곁에 도달할 거예요.

어떤 관계보다 소중히 해야 하는 관계,
그것이 바로
우니히피리와 당신의 관계랍니다.

나를 정화하는 HA 호흡법

HA 호흡은 언제든 쉽게 실천할 수 있는 정화 방법이다.

나는 매일 일어나자마자 이를 실천한다.

지금까지의 나는 아침에 일어나면 대개 우울했다. 꿈에서 깬지 얼마 되지 않아 머리가 멍한 탓인지 우니히피리가 보여 주는 갖가지 이미지에 압도당하는 느낌이었다. 반면 HA 호흡으로 하루를 시작하면 흘러나온 기억들이 정화 과정 속으로 돌아가는 기분이 든다.

나는 새로운 곳을 방문하기 전이나 누군가(특히 새로운 사람)를 만나기 전, 회의가 시작되기 전에 나의 중심을 바로잡기 위한 의식으로 HA 호흡을 한다.

실제로 HA 호흡을 시작한 뒤로 분위기에 휩쓸리거나 말 실수를 하거나 긴장하는 일이 줄었다. 그리고 지금도 이 호흡법이 부끄러움과 그리움, 긴장, 자기 비하, 자기 현시욕 같이 기억에 얽매인 감정들에 매우 효과적이라는 것을 경험하고 있다.

또 퇴근 전 사무실이나 다투고 난 뒤의 집에서 HA 호흡을 하는 것도 효과적이다. 사무실에서 상사에게 꾸중을 듣거나 허둥댄 것을 사무실과 책상, 의자도 똑같이 경험한다. 마찬가지로 험악하게 오가던 말은 집과 가구까지 모두 듣는다.

예전에 박사에게 "전 세계를 매일 같이 오가다 보면 시차가 맞지 않아 힘들지 않으세요? 저는 예전부터 아무리 짧은 거리라도 비행기를 타면 꼬박 하루는 온몸이 아프거든요." 하고 물은 적이 있다.

"몸의 통증은 비행기의 통증이에요. 땅과 이별하는 데도 통증이 따르는 법이지요. 나는 HA 호흡 덕분에 괜찮아요." 하고 박사는 대답했다.

그 후로 나는 비행기를 타기 전에는 물론, 타고 있는 동안에도 HA 호흡으로 정화를 한다. 몸의 통증은 여전하지만 비행기에서 내리고 난 뒤의 마음 상태는 예전보다 훨씬 상쾌하다. 마치 비행

• 기본 자세

무릎 위에 손을 얹는다

발바닥을 바닥에 대고 땅을 정화한다

• 손동작

왼손　　　　오른손

중지　검지　중지
　　　검지
엄지　　　엄지

왼손　　　　오른손

• 호흡 방법

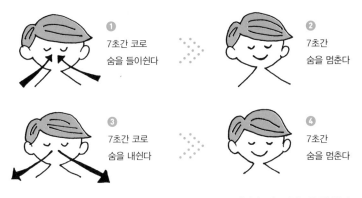

❶ 7초간 코로
숨을 들이쉰다

❷ 7초간
숨을 멈춘다

❸ 7초간 코로
숨을 내쉰다

❹ 7초간
숨을 멈춘다

― ❶~❹ 까지가 1세트이며 7회 반복한다

도중 샤워를 한 것처럼 기분 좋게 HA 호흡을 계속할 수 있다.

마음이 무너질 만큼 충격적인 일을 겪거나 그런 광경을 목격했을 때도 가능하면 HA 호흡을 하는 게 좋다. 그러면 그 상황 안에서 자신이 할 수 있는 일이 무엇인지 보이고, 자신이 중심에 놓일 수 있도록 환경이 정비된다. 그 일을 실행하기 위해 필요한 활력이 자연스럽게 축적되어 있는 경우도 많다.

나는 본래 성미가 매우 급하다. 분노를 멈출 수 없을 때면 주변 사람에게 미안할 뿐 아니라 스스로도 퍽 괴롭고 지친다. 얼마 전까지만 해도 이 같은 감정을 좀처럼 제어하기 힘들었지만 지금은 HA 호흡을 통해 감정을 억누르는 대신 호흡으로 바꿔 낸다. 그러면 내가 어떤 사람인지 깨닫고 자신을 이해하는 경험을 반드시 하게 된다.

강하게 원하는 것이 있거나 갖고 싶은 물건이 있을 때, 경쟁심을 느낄 때도 반드시 HA 호흡을 해 보자. 그러면 대부분 실은 자신의 생각만큼 그것을 원하지 않았다는 사실을 바로 깨닫게 된다. 또는 원했다는 사실조차 잊기도 하고, 그때 원했던 것이 손쉽게 들어오기도 한다.

뿐만 아니라 HA 호흡은 호흡을 통해 우니히피리와 소통하고 있다는 것을 실감할 수 있어서 좋다. 실제로 나는 이러한 이유로 HA 호흡을 즐겨 한다.

호흡기에 장애가 있는 사람이나 숫자를 세는 데 어려움이 있는 사람은 'HA 호흡' 하고 마음속으로 이미지를 그리는 것만으로도 충분하다. 각자 자신만의 방식으로 숫자를 세어도 좋다.

휴렌 박사의 메시지 보드

휴렌 박사는 종종 독특한 일러스트를 통해 호오포노포노를 설명하는데,
여기서 잠깐 소개하고자 한다.

1 | 우니히피리 안에서 기억이 재생될
때 당신은 기억(메모리: 이하 m)을 보
게 됩니다. 이때 정화를 하지 않으면 기억때
문에 당신은 어느 누구와도 'm'을 통해 연결
되지 못합니다.

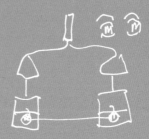

2 | 정화를 마치고 제로 상태에서 영감을
받을 때 당신은 영감을 통해 외부를
보게 됩니다. 이때 당신은 어느 누구와도 영
감을 통해 연결될 수 있습니다.

3 | **정화의 흐름**   m ≫ 제로 ≫ 영감

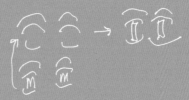

4 |

눈

귀

입

마음

SITH

정화의 순서

| 처음에는 제로였다 | 제로일 때 영감을 볼 수 있다 | 기억이 재생된다 | 제로 | 영감 |

---

5 | **모든 원인** [기억의 재생] ❯❯ **결과** [질병 등의 문제로 나타난다]

CAUSE 원인　　　　EX 체험

Ⓜ 기억 ——— ➔ Dis ease 질병

3부

기억의 끈을
끊어 내기

"이런 사소한 말을 건성으로 듣고 넘기는 동안, 당신 안에서
얼마나 많은 기억이 재생되는지 알고 있나요? 그것이 지구
의 반대편에 사는 사람들의 생명을 갉아먹는 일로도 이어진
다는 사실을, 의식에 사로잡힌 당신은 깨닫지 못하겠지요."

당신은 정화할 기회를 얻기 위해
새로운 땅에 온 거예요.

12. 내면의 전쟁을 끝마친다

강연을 위해 세계 각국을 방문할 때마다 박사가 현지 스태프에게 꼭 묻는 말이 있다.

"지금 이 나라에서는 어떤 일이 일어나고 있나요?"

또 새로운 지역을 방문할 때에는 현지 사람에게 이렇게 묻기도 한다.

"이곳에는 어떤 역사가 있나요?"

전 세계 어느 곳에나 그곳만의 위대한 역사가 살아 숨 쉬고 있다. 하지만 그 이상으로 놀라운 점은 우리가 엄청나게 많은 정보를 이미 알고 있다는 사실이다. 범죄, 유명인의 결혼, 대기업의 합병, 정치 비리, 혁명, 재해, 선거, 전쟁……. 어느 나라든 매일 수많은 뉴스로 흘러넘치고 있다.

가본 적 없는 먼 나라의 일까지 알 수 있는 요즘 어떤 일이 일어나고 있냐는 질문에 모른다고 대답하는 편이 더 어려울 것이다. 전혀 의식하거나 조사해 본 적조차 없는 나라의 일에도 질문을 듣자마자 마치 로봇처럼 입에서 엄청난 양의 정보를 줄줄이 쏟아 낼 수 있다. 그 정보 안에는 공포와 분노, 기쁨, 감동, 흥분, 슬픔 등 지금까지 의식한 적 없는 다양한 감정이 드러나기도 한다.

박사는 질문에 대한 답을 듣고 나면 이렇게 말한다.

말해 줘서 고마워요.
보여 줘서 고마워요.
이 땅이 어떤 목소리를 듣고,
당신이 어떤 상태에 있는지,
그리고 내 안에 어떤 기억이 있었는지
가르쳐 줘서 고마워요.

박사는 결코 좋거나 나쁘다는 말을 하지 않는다.

내 안에서도 매초마다 다양한 기억이 재생돼요.

내가 모르는 사이에도 우니히피리는

수억 개의 정보를 품고 있죠.

굳이 누가 묻지 않아도

마음은 믿을 수 없을 정도로

많은 말을 계속 걸어오고 있어요.

하지만 마음이 자신을 통제하면

우리는 기억을 통해서만

보고 듣고 말하게 돼요.

그러면 이 지구라는 대지에는 기억으로 인한

분노와 슬픔이 새겨지죠.

국가나 환경이 자유로워지기 바란다면

먼저 당신 자신부터 자유로워져야 해요.

가족의 평화를 바란다면 먼저

당신부터 평화로워져야 해요.

이런 사소한 말을

건성으로 듣고 넘기는 동안,

당신 안에서 얼마나 많은 기억이

재생되는지 알고 있나요.

그것이 지구의 반대편에 사는 사람들의
생명을 갉아먹는 일로도 이어진다는 사실을,
의식에 사로잡힌 당신은
깨닫지 못하겠지요.

하나뿐인 자신의 생명을 빛내는 것이
이 우주를 뒤바꿀 만한
힘을 지니고 있다는 것을
아는 사람은 얼마 없어요.

우리는 뉴스를 보며 정치판을 비판하기도 하고 가족 중 누군
가를 완고하다고 생각하기도 하며, 어려움에 처한 이웃을 보고
'딱하네, 안됐어.' 하고 감정 반응을 보이는 등 무언가에 대해 판
단 내리는 것을 멈추지 못한다. 하지만 그 사실을 깨달으면 우
리는 감옥에 갇힌 죄수처럼 자유롭지 못했음을 알게 된다.

Kukaipa'a
이것은 머릿속 변비를 뜻해요.
변비가 몸에 해로워서
뾰루지를 올라오게 하듯

대지 위로 문제가 나타나죠.

나는 진실은 알지 못한다. 박사는 '사실을 알 수는 없다, 알지 못한다'는 자세가 정화에서 매우 중요하다고 말한다.

그래서 지금은 내 안에서 의견이 꿈틀대면 우선 나 자신을 정화한다. 결과적으로 어떤 일이 일어나든 생각은 오랫동안 우니히피리가 품어온 것이기 때문에 내가 정화해야 하는 것이다.

내가 상대방에게서 보았던 생각은 수십 세기에 걸쳐 내 안에 축적된 것이다. 따라서 내 안의 판단을 즉시 정화하는 것이 중요하다. 억지로 내려놓으려 노력할 필요도 없다.

일단 자신을 정화하고 나면
해야 할 일이 눈앞에 나타나고,
그 일을 하는 방식과 사람, 정보 등이
그때그때 필요한 만큼 갖춰져요.

이때 당신의 말과 행동은
신성한 존재와 이어진 영감이 됩니다.
그리고 마땅히 도달해야 할 곳에 도달하지요.

결코 잊지 마세요.

Peace begins with me.

평화는 나로부터 시작된다는 것을.

나는 2011년 중반부터 업무 차 대만과 일본을 오가고 있다. 대만에서 처음 생활을 시작했을 무렵, 마침 박사도 강연을 위해 대만을 방문한 적이 있다.

대만은 처음 땅을 밟은 순간부터 매력을 느꼈던 나라지만, 그 무렵 말이 잘 통하지 않는 불편함 때문에 생활 스트레스가 극에 달해 있었다.

특히 음식점에 대한 이미지가 그다지 좋지 않았다. 맛도 좋고 친절한 편이지만 자꾸 일본과 비교해 서비스의 차이가 역력하다고 마음속으로 불평을 내뱉곤 했다. 물가 차이를 이유로 겨우 납득했던 기억도 있다.

마치 그 생각을 읽은 듯 휴렌 박사는 내게 이렇게 말했다.

단정적인 생각을 정화하세요.

이 나라는 이렇고,

저 도시는 저렇다는 식의 판단이

자기 안에 존재한다면
적극적으로 정화하는 게 중요해요.

당신을 통해 재생된 판단과 사고가
상대의 진정한 재능이 표현되는 것을
가로막기 때문이죠.
당신은 정화할 기회를 얻기 위해
새로운 땅에 온 거예요.

그 말을 듣고 나는 대만에 대해 가지고 있던 이미지를 하나씩 정화하기 시작했다. 동시에 일본에 대해 가지고 있던 이미지도 정화했다. 그러자 내가 두 나라들에 대해 얼마나 많은 판단을 내리고 있었는지를 깨닫게 되었다.

예를 들어 길거리에서 할아버지들이 마작을 두는 모습을 보면 나는 '할아버지들이 즐겁게 마작을 두고 있구나.'에서 생각을 멈추지 않았다. 자동적으로 '대만의 할아버지들은 노름을 좋아해서 길에서까지 마작을 두고 있구나.'로 금세 이야기가 진행됐고, 거기에 '일본은 그렇지 않은데.' 하고 추가 감상까지 덧붙였다. 일본에서도 도박 적발 뉴스를 자주 접하는데 말이다.

나는 이처럼 눈에 보이는 광경에 갖가지 감상이 따라붙는 것을 의식할 때마다 그 순간 '사랑해요.'를 반복하도록 노력했다.

그러던 어느 날 배가 고파, 몇 번 가본 적 있는 음식점을 방문했다. 가는 길에 일전에 경험한 그다지 좋지 않았던 종업원의 대응이 기억나 정화했다.

가게에 도착하자 낯익은 얼굴의 종업원들이 마중을 나왔다. 같은 가게에 같은 메뉴, 같은 종업원이었지만 서비스는 근사하게 달라져 있었다. 평소처럼 느긋함을 보이면서도 절묘한 타이밍에 물을 따라 주러 왔고, 레몬 슬라이스를 하나 부탁했더니 작은 접시에 여분으로 하나를 더 담아 주는 마음 씀씀이를 보였다. 또 레몬을 짜고 난 뒤까지 신경 써서 정확한 순간에 냅킨을 가져다 줬다. 그날 그 음식점은 평소와 같이 인간미 있는 여유로움을 보이면서도 동시에 내게 별 세 개짜리 레스토랑 이상의 서비스를 제공했다.

그 뒤로 나는 어디에 가든 그 전에 정화를 한다. '저 두유 가게는 맛은 있는데 종업원의 말이 빨라서 무서워.' 하는 생각이 문득 머릿속을 스치는 순간 정화한다. 이런 식으로 정화를 생활화하면서 나는 즐거운 외식 라이프뿐 아니라, 인간관계, 새로운 나와 만날 수 있는 기회까지 얻었다.

대만에서 만난 사랑스러운 사람들이 있다. 서로 이름을 몰라도 눈이 마주치면 웃는 얼굴로 꼭 인사를 나누던 순경 아저씨들이 있다. 고향이 사무치게 그리워지는 향수병이 찾아오면 늘 따뜻하게 나를 안아 주던 길가의 식물들이 있다. 내가 정화를 통해 마음을 열지 않았다면 분명 만나지 못했을 것들이다. 그들이 나의 일상을 풍요롭게 해 준다는 사실조차 깨닫지 못했을 것이다.

어떤 일과 반대되는 행동을 할 때,
그 반대 행동은
당신 안에서 일어나는 일이라는 것을
반드시 깨달아야 해요.
그것은 원래부터 당신에게 있던 것이죠.

뭔가에 꼬리표를 붙일 때,
우리는 우리에게 주어진
'순간'을 잃어 가는 거예요.
호오포노포노는

그 잃어버린 순간을 되찾기 위한 모험이에요.

순간은 되찾기 위해

노력할 만한 가치가 충분해요.

이 '순간'만이 당신에게 안도감과 안전,

창조력과 생명력, 아름다움을

줄 수 있기 때문이죠.

휴렌 박사가 전하는 호오포노포노의 말

'당신이 지닌 의견과 감정은
당신의 개성일까요?'
만약 내가 이렇게 말한다면 어떨까요?

'당신이 보는 이 세계야말로
당신의 자아가 소유하고 있는 모든 것이다.'
만약 내가 이렇게 말한다면
당신은 분노와 슬픔, 기쁨 중에
어떤 감정을 느끼나요?

당신이 진정한 나를 유지하는 열쇠는
항상 그곳에 있습니다.

당신은 언제나 당신이 지금까지 축적해 온 것,
기억을 보고 듣고 말하고 있습니다.

세상의 모든 존재는 '사랑한다.'는 말이
듣고 싶은 거예요. '사랑해, 왜냐하면……'이 아니라
그저 자신의 존재 자체를 축복받고 싶은 것이죠.

✦ ✦ ✦ ✦ ✦ ✦

13. 모든 존재에게는 타고난 재능이 있다

   식사를 할 때 박사의 모습은 평소보다 느긋하고 차분해 보인다. 음식점에서는 앉기 전에 잠시 멈춰 서서 의자를 바라본 다음 천천히 자리에 앉는다. 박사의 모든 동작은 주변 사람의 리듬을 조금도 흐트러뜨리지 않을 만큼 재빨리 이루어지는데, 나는 절도가 있으면서도 자연스러운 그 움직임을 늘 넋을 놓고 바라보게 된다.

   또 식사가 나오기 전에는 준비된 은색의 포크와 스푼을 가만히 바라보고, 음식을 먹기 전에도 조리된 음식과 그릇, 그 안에 담긴 무언가까지 따뜻한 눈길로 바라보고는 한다. 물론 어느 음식점에 가든 입구에 있는 사람, 자리를 안내해 주는 사람, 요리를 내오는 사람의 눈을 보고 고맙다는 인사를 빠뜨리지 않는다.

박사의 행동 하나하나에는 공손함이 배어 있고 한 번도 그 흐름이 흐트러진 것을 본 적이 없다. 아무리 다음 일정이 빡빡해도 식사할 때의 박사는 늘 같은 리듬을 유지한다. 그럼에도 다음 일정에 지각하는 법이 없다.

예전에 레스토랑에서 아무리 기다려도 내가 주문한 요리만 나오지 않은 적이 있다. 다음 일정에 늦을 것을 걱정한 내가 주문을 취소하려 하자 박사가 막았다.

그 전에 음식점은 정화했나요?
그릇과 물,
당신이 앉아 있는 의자는 정화했나요?

다음 일정으로 머릿속이 가득했던 나는 정화하는 것을 까맣게 잊고 있었다. 나는 곧바로 가게의 이름과 눈앞에 보이는 것들, 그리고 스스로의 조급함에 '고마워요, 사랑해요.'를 반복했다. 그러자 바로 기다리던 음식이 나왔고, 신기하다며 다 같이 웃은 기억이 있다. 박사는 이렇게 말했다.

세상의 모든 존재는
'사랑한다.'는 말이 듣고 싶은 거예요.
'사랑해, 왜냐하면…….'이 아니라
그저 자신의 존재 자체를
축복받고 싶은 것이죠.
당신과 마찬가지로요.

'사랑해, 왜냐하면 맛있으니까', '사랑해, 왜냐하면 편리하니까' 하고 이유를 대며 말하는 데 익숙해져 있던 나는 박사의 말에 뜨끔했다.

강연 중에 진심을 담아 네 마디 말을 하기 어렵다고 말하는 사람이 있으면 박사는 진심을 담을 필요가 전혀 없다고 말한다. 그 말이 이제야 납득이 갔다. 억지로 진심을 담으려고 하면 반드시 '왜냐하면'이라는 말이 뒤따랐던 것이다. 정화는 각자가 가진 기억이라는 굴레를 벗어던지고 최초의 자유로운 상태로 돌아가기 위한 것이다. 즉 나는 정화를 위해 사랑한다고 말하는 것이지, 좋은 사람이 되기 위해 사랑한다고 말하는 것이 아니다. 그런 기대나 의지는 우니히피리에게 무거운 짐이 될 뿐이기 때문이다.

'사랑해, 왜냐하면……'으로
맺어진 관계는
고통이 뒤따르기 마련이에요.
당신은 이유가 있는 사랑을 원하나요?
아니면 무한히 펼쳐진 본연의
사랑을 원하나요?

이유가 있는 사랑은 기쁘지만 무척 고통스럽다. 나는 그동안
의 경험을 통해 그 사실을 뼈저리게 알고 있었다.

어떤 존재든
무한한 사랑과 이어져 있어요.
굳이 마음을 담지 않고 '사랑한다.'고
말하는 것만으로도 정화가 시작돼요.
오직 원래의 상태로 돌아가기 위한 것이죠.

정화는 기대나 집착을 통해
사랑을 전하는 것과는 전혀 달라요.
적어도 상대의 존재를 인정하고 있어요.
상대가 이곳에 있고,

있어 줘서 고맙다는 생각이
자연스럽게 들 때
비로소 나는 '나'를 되찾는 거예요.

나온 요리를 맛보며 정화를 계속하는 내게 박사는 말했다.

모든 존재에게는
본래의 완벽한 재능이 있어요.
모든 존재가 이 세상에서 발휘할
근사한 재능을 갖추고 있죠.
이것이 당신이 정화를 마치고
제로 상태가 되어야 하는 이유예요.

당신이 기억을 모두 끊어 내면
당신과 관련된 모든 존재가
바로 자신의 재능을 회복하고
본래의 균형을 되찾아요.
머릿속으로 생각했던
일정이나 계획보다
훨씬 멋진 일이 즉시 일어나죠.

실제로 박사와 함께 있으면 무리하지 않고도 매사가 순탄하게 풀리는 경험을 자주 한다. 매 순간 적절한 시점에 필요한 사람과 사물이 알맞게 갖추어져 있다. 고약하게 느껴지던 사람이 그 순간 최고의 아이디어를 제공하거나, 불편하게 느껴지던 호텔이 상상을 뛰어넘는 편안함과 안락함을 제공하기도 한다.

모르나의 곁에서 함께
호오포노포노를 배운 지
얼마 지나지 않았을 무렵에
있었던 일이에요.

식사 중에 실수로 그녀가 바닥에
포크를 떨어뜨린 적이 있어요.
내가 새 포크를 달라고
웨이터를 부르려는 찰나에
모르나가 말없이
떨어뜨린 포크를 주워 키스를 했어요.

내가 놀라서 멍하니
그 모습을 쳐다보는데,

모르나는 그저 말없이
다시 음식을 먹기 시작했죠.
그리고 들리지 않을 만큼 작은 목소리로
포크를 보며 이렇게 말했어요.

'내 인생에 다시 한 번 나타나
정화의 기회를 준
매우 소중한 존재예요.'

그녀는 별난 사람이었지만
당시의 내게는
모든 존재에게서
사랑받는 것처럼 보였어요.

그것은 내가 박사에게서 받는 인상과 같았다. 박사의 곁에서
모든 것들은, 비로소 자신의 존재를 인정받았다는 사실에 기뻐
하는 것처럼 보인다. 마치 소리를 내지 못하는 존재가 박사의
말없는 따뜻함에 자신의 생명을 다시 한 번 반짝이는 것 같다.
　실제로 박사의 곁에 있으면 평소 아무 생각 없이 지나쳤을 거
리와 사람들이 선명하게 다가온다. 별 생각 없이 입에 넣었을

음식의 맛도 생생히 느껴지고 테이블에 놓인 소금·후추통이 시야에 또렷이 들어온다. 그러면 그 신기함에 감동해 그 존재에게 고마워하지 않고는 견딜 수 없게 된다.

무엇보다도 나 스스로 박사의 곁에 있으면 안정된 중심을 찾는다. 이유를 알 수 없는 불안함에 허둥거리지 않고 해야 할 일에 바로 집중할 수 있다. 또 굳이 큰소리를 내지 않고 가만히 있어도 내 존재를 인정받는 안도감을 느끼고는 한다.

무시를 당한다는 것은 무척 괴로운 일이다. 무시를 당할 때면 나는 어떻게 해야 할지를 모르게 된다. 좀 더 말을 걸어 자연스럽게 나를 어필해야 할지, 아니면 그저 숨어 있는 편이 나을지를 고민하다 결국 해야 할 일을 놓치고 만다. 더욱 실수를 저지르게 될 때도 있다.

나는 내가 다른 존재나 나의 우니히피리에게 '무시'와 다름없는 행동을 하고 있다는 것을 호오포노포노를 만난 뒤에야 깨달았다. 그리고 나와 관련된 것이나 내 우니히피리를 계속 무시한다면 나야말로 자신의 자리를 잃어버린다는 것을 알았다.

'사랑해요.' 하고 소리 내어 말하지 않아도 된다. 그저 마음속으로 되뇌거나 머릿속으로 그 말을 떠올리고 눈으로 좇기만 해도 된다.

내가 애정을 느끼느냐 아니냐는 중요하지 않다. 사랑은 원래부터 내 안에 있기 때문에 일부러 만들어 내지 않아도 된다. 매 순간 나타나는 경험에 그저 '사랑해요.' 하고 말하며 마음의 스위치를 켜면 된다. 그러면 나와 나의 우니히피리, 그리고 우니히피리가 보여 주는 수많은 존재와의 관계가 회복되고 각각의 존재에게 알맞은 자리와 적당한 시기가 갖춰진다.

당신만이 지닌 재능이 있어요.
아직 모르더라도
조급해할 필요는 없어요.
알아야 할 필요는 없으니까요.
지금 눈앞에 있는 것을 정화하며
서서히 되찾아가면 돼요.
당신만이 지닌 재능을
스스로 깨닫게 된다면
자신을 사랑할 수밖에
없을 거예요.

그렇게 말하고 박사는 애창곡인 '온리 유'를 부르기 시작했다.

나는 아직 나만의 재능을 눈으로 보거나 느낀 적은 없지만, 정화를 통해 스위치를 켤 수 있다. 켜고 또 켜도 스위치를 켤 기회는 끝없이 나타난다.

휴렌 박사가 전하는 호오포노포노의 말

정화를 하면 신뢰 관계가 생겨납니다.
호오포노포노는
과거의 잘못으로부터 시작된 비극을
지금 이 순간 치유하고
원래의 순수한 상태로 돌아가는 과정입니다.

지금 눈앞에서 일어나는 일을 통해
다시 한 번 자신을 되찾으세요.
그 결과, 내 안에 있는 세 자아가
신뢰 관계로 묶인답니다.

무슨 일이 일어나든
이 순간을 되찾을 수 있어요.
이 순간 안에서만 우리는
다른 모든 것과 연결될 수 있어요.

모든 것은 당신이 보고 듣는다는 거예요.
외부에서 슬픔이 보이거나 들린다면
그 슬픔은 당신 안에 있다는 거죠.

14. 기쁨도 고통도 내 안에서 만들어지는 것

어느 해 박사가 일본을 방문했을 때 함께 메이지 신궁의 창포원을 찾았다. 창포는 다양한 종류의 보랏빛을 뿜내며 연못가에 곧게 뻗어 있었다. 우리는 아무 말 없이 가능한 한 천천히 연못 주위를 걸었다. 시기가 시기인 만큼 창포를 보려는 사람들로 길은 발 디딜 틈이 없었다.

우리는 뒤쪽에 있던 긴 행렬을 이룬 사람들이 앞서 가도록 조금 기다리기로 했다. 그때 문득 그 행렬 속을 걷던 한 할머니가 내 시야에 들어왔다. 허리가 무척 굽은 할머니는 왜소한 몸으로 열심히 앞줄을 따라가고 있었다. 그때 할머니의 바로 뒤에서 걷던 두 아주머니의 대화가 내 귓가에 들려왔다.

"허리가 저렇게 굽다니, 꼴 보기 싫어."

"계속 땅만 쳐다보면서 여기는 뭐 하러 왔는지 몰라."

그 순간 내 안에서 불쾌한 감정이 부글부글 끓어올랐다. 그 말이 앞서 걸어가는 할머니의 귀에 들리지 않기만을 바랐다. 왜 이렇게 불쾌한 말을 하는 걸까. 나는 순간 슬픔과 분노를 주체할 수 없었다.

그때 박사가 내게 물었다.

지금 어떤 경험을 하고 있죠?

박사는 일본어를 잘 모른다. 그 두 사람의 대화를 알아들었을 리 없었다. 내가 화가 난 나머지 활활 불타는 오로라라도 발산했던 것일까? 이유야 어찌 됐든 질문에 솔직히 답하기로 했다.

나는 내가 보고 듣고 생각한 것을 박사에게 솔직히 털어놓으며 동의를 구했다.

"지금 제가 느끼는 감정이 당연한 감정이죠? 인간으로서 당연한 마음이죠?"

말하는 동안 나는 내가 묘하게 흥분한 것을 느꼈다.

나 스스로가 느낀 굴욕을 불식시키고 싶어 미칠 것 같았다. 박사와 이야기를 나눌 때면 종종 이렇게 깊숙한 곳에서 더한 생각이 고개를 내민다.

그런데 박사는 매우 진지하고 엄한 표정으로 이런 이야기를 해 주었다.

웃고 있는 사람이
정말로 행복한지
어떻게 알 수 있나요?
눈물을 흘리며 고개를 숙이고 있는 사람이
정말로 슬픔에 빠져 있는지 어떻게 알죠?

내가 말하고 싶은 건,
모든 것은 당신이 보고 듣는다는 거예요.
외부에서 슬픔이 보이거나 들린다면
그 슬픔은 당신 안에 있다는 거죠.

저 나무를 한번 보세요.
당신은 저 나무가 행복해 보이나요?
아니면 슬퍼 보이나요?

나무는 눈물을 흘리지 않아요.

큰소리로 웃지도 않고요.

나무는 그저

하나의 생명이자 존재일 뿐이에요.

날씨가 맑든 흐리든

외부에서 일어나는 일은 문제되지 않아요.

각자가 그저 자신의 삶을 살아가는 거예요.

당신이 저 나무를 보고

아름답다고 느끼든 추하다고 느끼든

저 나무에게는 상관없는 일이에요.

당신 안에서 일어나는 일이니까요.

이것은 사람에게도 통용되지요.

당신이 누군가를 보고 어떤 감정이 든다면

일단 그것을 정화해야 해요.

평생을 기억과 함께하는 대신

당신은 정화를 할 수 있어요.

정화를 한 뒤

무언가가 또 얼굴을 내민다면

그것도 정화하면 돼요.
당신은 좀 더 책임감을 가지고
그 일을 해야 해요.
주인공은 당신이니까요.

나는 왠지 약간 부끄러워졌다. 나는 늘 쉽사리 감정의 소용
돌이에 휩싸이고는 한다. 그래서 영화나 다큐멘터리를 보면 단
숨에 감정이 폭발한다. 나쁜 일은 아니지만 박사의 말을 듣고
나자 마치 실컷 놀고 난 뒤 어지른 방을 치우지 않은 어린아이
같은 내 모습이 눈앞에 떠올랐다.

그 할머니는 천사예요.
신성한 존재가 창조해 낸 완벽한 존재지요.
허리가 굽었든 시선이 바닥만을 향하든
할머니는 평화에 휩싸여 있을지 몰라요.

당신이 자신의 내면에서 본 것을 정화할 때
얼마나 많은 사람들이
자유로워지는지 알고 있나요?
당신은 엄청난 책임을 지고 있는 거예요.

박사의 말을 듣고 나는 정화를 한 뒤 눈앞에 있는 나무를 쳐다봤다. 나는 내가 원하는 모양이 나오도록 톱으로 가지치기를 하거나 곧게 자라도록 버팀목을 대거나 온도 조절을 위해 온실에 넣는 대신, 그 나무가 자신의 생명을 마음껏 표현할 수 있도록, 무엇보다 나 스스로 그 나무와 그의 생명을 있는 그대로 바라볼 수 있도록 내 안에서 정화를 계속했다.

언젠가 그 나무 곁을 지나던 사람이 '이상한 모양의 나무네.' 하고 말할지도 모른다. 지나치게 자란 가지에 내 손이 긁힐지도 모른다. 오랜 세월이 지나 그 나무는 두 번 다시 아름다운 꽃과 열매를 맺지 못할지도 모른다. 그때마다 부끄러움과 슬픔, 분노 등의 감정이 내 안에 나타날 것이다. 하지만 박사의 말대로 모든 것은 내 안에서 일어나는 것이다. 내 안에서 터져 나온 감정은 스스로 청소하지 않으면 안 된다. 그 감정 하나하나에 '고마워요, 사랑해요.'를 반복한다.

그러자 상상 속에서나마 그 나무와 나 사이에 있던 갖가지 무거운 상념이 씻겨 나가고 나는 훨씬 평화로운 기분을 맛볼 수 있었다. 그랬다. 나의 우니히피리는 자유를 바라고 있었다. '평화는 나로부터 시작'되는 것이다.

그러는 동안 깨달은 사실이 있다. 허리가 굽은 할머니 뒤에 있던 두 아주머니가 말하기 전에, 나야말로 할머니를 보고 누구보다 먼저 마음속으로 '저렇게 허리가 굽다니 안타까워.' 하고 말했던 것을.

내가 느끼고 본 것을 정화할 책임은 세상에 오직 한 사람, 나에게만 있다. 아주머니들이 나눈 불쾌한 대화는 그 사실을 깨닫기 위한 것이었을지도 모른다.

박사는 마지막으로 이렇게 말했다.

물론 때로는 행동도 필요해요.

다만 눈앞에서 벌어진 일에 대해

자신의 내면에서 일어나는

감정을 정화하는 순간

무엇을 해야 할지가 분명히 보이기 시작해요.

남은 건 그것을

성실하게 수행하는 것이죠.

만약 무엇을 해야 할지 모를 때는

다시 정화해 보세요.

정화를 한 뒤 행동하고
다시 정화하는 식으로 반복하는 겁니다.
언제 어디서든
무엇이 눈에 보이든
계속 정화하세요.

당신이 '진정한 나'로 있기 위해서는
우니히피리의 협력이 꼭 필요해요.
우니히피리는
당신이 성실한지 지켜보고 있으니까요.

휴렌 박사가 전하는 호오포노포노의 말

당신이 느끼는 고통은
당신만의 것이 아닙니다.
커다란 시간의 흐름 속에서
시간과 땅과 동물과
식물과 사람과 공기까지도
그 고통을 겪어 왔습니다.

그리고 당신은 지금
그 고통을 내려놓으려 합니다.

이것은 당신을 위한 일이자
당신의 이웃도
고통에서 해방시키는 일입니다.

태풍의 중심은 언제나 고요해요.
호오포노포노도 항상
그 고요함 속에서 시작돼요.

15. 나를 완벽하게 보호해 주는 것

　나는 호오포노포노를 알고 난 뒤 몇 차례 하와이를 방문했다. 그리고 거기서 박사처럼 모르나 여사와 함께 호오포노포노를 배워 온 사람들, 아니 어쩌면 그보다 더 오랫동안 정화를 학습해 온 사람들을 만날 기회를 얻었다.

　귀여운 초등학생 손자의 사진을 보여 주던 미국 남부에 사는 어느 한 할머니, 하와이 원주민이자 고대 하와이 왕조에서 전해 내려오는 연극의 계승자, 실리콘밸리에서 엔지니어로 일하는 라틴계 미국인이자 독실한 기독교인. 언제 만나도 웃는 얼굴로 '하~이!' 하고 말을 건네는 KR 씨와 '로맨스는 우니히피리가 가져다 준다.'고 말하는 어느 멋진 부부. 그들은 카이루아라고 하는 한적한 주택가에 살며 매일 태양처럼 웃는 얼굴로 지역사회에서 봉사를 한다.

미국군 심리상담사인 여성과 변호사 등 그들의 직업은 가지각색이다. 하와이에서 커피 농장을 운영하는 어느 할아버지는 '이 나무는 몇 년 전에 휴렌 박사와 함께 심은 거예요.' 하고 일러 주며, 다른 묘목에 비해 아직은 작은 그 나무에서 딴 반짝반짝 빛나는 붉고 달달한 커피콩을 생으로 맛보게 해 주었다.

나이도 직업도 사는 곳도 모두 제각각이지만, 변해가는 시대와 환경 속에서 수십 년 동안 정화를 실천해 온 사람들이다. 물론 길에서 우연히 지나쳐도 그들이 수십 년 동안이나 호오포노포노를 실천해 온 사람들이라는 사실은 아무도 알지 못할 것이다. 하지만 각자 자신의 세계에서 호오포노포노를 실천하며 오랜 세월을 책임져 온 굉장한 사람들이다.

그들과 이야기를 나누며 보냈던 따뜻한 시간은 내 인생에 보물과도 같다. 신기하게도 그들과 함께 있으면 나이나 국적이 다른데도 전혀 긴장되지 않는다. 만약 사람과 사람 사이에 관습적인 틀 같은 것이 존재한다면 그들과는 그 틀을 벗어난 관계를 유지할 수 있다. 그들을 통해 자유로운 나를 재발견하는 경우도 종종 있었다. 나는 그 당시를 회고하다 어떤 사실을 깨달았다. 대화 중간에 그들이 공통적으로 한 말이 있었다.

호오포노포노가 없었다면
지금쯤 목숨을 잃었을 거야.

그 자리엔 고령자가 많았고, 아무래도 오랜 세월을 살아오는 동안 위험한 순간도 있었을 것이라는 생각에 당시에는 그 말을 깊이 새겨듣지 않았다.

그러던 어느 날 오하우에서 바다를 바라보며 박사와 아침 식사를 하고 있을 때였다. 박사가 나직이 중얼거렸다.

"호오포노포노가 없었다면 지금쯤 목숨을 잃었겠죠."

박사가 그들과 똑같은 말을 한 것이다. 나는 지체 없이 이렇게 물었다.

"박사님, 무슨 일이 있었나요? 실은 지금까지 박사님의 소개로 만난 분들도 똑같은 말을 했어요. 지금쯤이면 생명을 잃었을 거라고. 무슨 일이 있었던 거죠?"

박사가 말을 이었다.

오랫동안 정화를 하다 보면
나를 잃어버리는 것이
얼마나 무서운 일인지 깨닫게 돼요.
이 탁자와 의자와 잔디도
진정한 자신을 잃으면 생명 또한 잃고 말아요.
호흡을 할 수도 없고 빛도 없는
깜깜한 어둠이 되지요.

박사의 말을 듣고 나자 괜스레 심장이 턱 막힐 만큼 슬프고 고통스러웠다. 그때 나는 조금씩 깨닫고 있었던 것이다. 내가 나를 잃을 때, 즉 세 가족이 단절되었을 때, 그와 동시에 지금 눈앞에 있는 모든 것이 단절된 상태를 경험할 때, 그것이 얼마나 고통스러운 일인지를. 생명에 빛이 비치지 않는다는 것이 얼마나 질병과 상처로 가득 찬 일인지를.

하지만 일단 정화를 시작하면
멈춰 있던 것들이 시간을 뛰어넘어
다시 흐르기 시작해요.
'죽느냐 사느냐 그것이 문제로다.'라고
셰익스피어가 말했듯,

'누구의 책임일까?' 이 물음이 정화의 바탕이 된다. 어디서든 문제를 경험하는 한, 그 원인이 되는 기억을 소유한 당사자가 선택을 할 때 비로소 호오포노포노는 시작된다.

하와이에서 만난 호오포노포노의 현자들은 문제와 맞닥뜨리면 언제나 자신이 먼저 선택하는 태도를 보인다. 나는 그들의 그런 점이 무척 좋다. 그들을 떠올릴 때마다 마치 모든 것의 근원에서 뿜어져 나오는 듯한 선명한 빛이 내게 와 닿는 것처럼 느껴진다.

언젠가 오하우에 사는 박사의 오랜 친구인 어느 부부와 이야기를 나누는데, 아내 되는 사람이 이런 말을 했다.

"이 시대에 태어나서 다행이에요."

나는 평화에 익숙해진 탓인지 그런 생각을 진지하게 해 본 적이 없었다. 오히려 우울한 뉴스가 계속될 때는 '자연이 풍요롭거나 경기가 활발했던 시대에 태어났다면 좋았을 텐데, 이 세상은 왜 이렇게 무서울까.' 하고 생각한 적도 있다.

"왜 그렇게 생각하세요?"

내가 묻자 이번에는 남편 되는 사람이 천천히 이렇게 대답했다.

"시간은 사람이 만들어 낸 개념입니다. 시간 자체는 우리와 마찬가지로 기억을 지니고 있죠. 지금 이렇게 그 사실을 의식하는 동안 단 한 번이라도 정화를 했다면 나는 그 때문에 새 생명을 부여받은 거예요. 이 단 한 번의 정화가 모든 시간을 뛰어넘어 과거에 일어난 온갖 슬픔과 죄를 지금 이 순간 바로잡고, 내 영혼에 다시금 빛을 비춰 준다고 생각해요."

따뜻하고 평온한 눈빛으로 올곧게 말하던 두 사람의 모습을 나는 아직도 기억한다. 그들은 오늘 단 한 번이라도 정화할 수 있었다는 그 풍요로움에 감사하는 법을 가르쳐 주었다.

그런 그들이 몇 년에 한 번씩 모두 모일 때가 있는데, 나는 운 좋게도 그 모임에 참석한 적이 있다. 미팅이라고 해서 긴장감 넘치는 집회가 아닐까 싶었는데 알고 보니 KR 씨의 집에서 열리는 홈 파티였다. 한 사람당 하나씩 요리나 과일을 가져 와 함께 나눠 먹는 그런 모임이었다.

마음씨 좋은 사람들과 맛있는 식사를 하며 나는 편안함을 느꼈다. 그러다 문득 박사를 찾아 두리번거렸는데, 그는 KR 씨가 자랑하는 넓고 새하얀 싱크대에서 말없이 그릇을 씻고 있었다. 그 옆에서는 여성 변호사가 빠르고 정성스러운 손길로 접시를 닦고 있었다. 가장 어리면서 아무것도 하지 않고 있던 나는 왠지 미안한 기분이 들어 "제가 할게요!"라고 말했다. 그러자 박사는 커다란 미소를 띠며 "지금 정화 중이에요. 내 일 빼앗지 말아 줄래요?" 하고 즐겁다는 듯 대꾸했다. 왠지 이상한 기분이 들어 주변을 둘러보자, 나이도 겉모습도 모두 다른 그들이 자연스럽게 그 자리에 맞는 역할을 소화하고 있었다. 사람들이 남은 음식을 싸 가지고 갈 수 있도록 반찬통에 옮겨 담는 사람, 재회를 기뻐하며 얼싸안고 있는 사람, 그리고 마당에서 KR 씨의 애견들과 놀고 있는 할아버지도 있었다.

'행복한 광경이야. 그런데 어쩌지, 내가 할 수 있는 일은 뭘까.'

이런 생각으로 정화를 하고 있는데 누군가가 등을 두드렸다. KR 씨의 손자들이 놀아 달라며 기발한 색상의 슬라임 장난감을 꺼내 온 것이다. 나는 무척 즐거운 기분으로 아이들과 함께 시간 가는 줄도 모르고 놀았다.

그 자리에서 딱히 누군가가 호오포노포노에 대해 말을 꺼낸 것은 아니었다. 그 공간을 훈훈하게 만들어 주었던 호오포노포노는 언제나 자기 안에서 혼자 시작할 수 있는 '셀프 아이덴티티 호오포노포노'다. 이 점을 잘 알고 있는 사람들이 그 순간, 자기 자신과 이 집과 이곳에 있는 사람들 사이에 벌어지는 일을 책임지고 말없이 정화하고 있었다. 이 집이 셀프 아이덴티티 호오포노포노를 위한 장소라는 것이 분명히 느껴졌다. 그것은 매우 아름답고 자유로우며 평등하고 따뜻한 것이었다.

나는 왠지 먹먹한 감동을 느끼며 그 광경을 가만히 지켜봤다. 어느새 박사가 옆에 다가와 있었다. 그리고 무슨 이유에서인지 내게 이런 말을 해 주었다.

자살이 일어나는 곳에는 절망이 있어요.
어느 가정에나 그 절망의 씨앗이 있지요.
내 안에도 있고요.
나의 외부에서 일어나는 일은 하나도 없어요.
내 스스로 그것을 내려놓고
사랑을 경험할 때 비로소
이 지구도 사랑을 느낄 수 있어요.

태풍의 중심은 언제나 고요해요.

호오포노포노도 항상 그 고요함 속에서 시작돼요.
다만 호오포노포노는 그 중심이
점점 바깥쪽으로 퍼져 나가는 흐름을 지니고 있죠.
먼저 자신의 내면이 평화로워야 해요.

나는 이들에게 어떤 가족과 친구가 있는지, 이들이 어떤 삶을 살아왔는지 자세히 알지 못한다. 다만 이들과 만나 즐겁게 대화를 나누며 함께 웃었고, 그 안에서 각자가 해야 할 일을 했다. 밑바탕에는 '나'부터 정화를 시작해야 한다는 책임감이 있었다. 나는 그곳에서 피어나는 사랑을 통해 이 인연들이 제자리로 이동하는 것을 볼 수 있었다.

휴렌 박사가 전하는 호오포노포노의 말

우리가 사는 지구는
우주의 모든 말썽꾼을 받아 주었고
이곳에서 우리는
각자 정화를 계속하고 있습니다.
그 안에서
당신과 신성한 존재와의 유대를
문득 경험할 수 있는 때가 있습니다.

'알로하'
당신이 무언가에서 아름다움을 봤을 때,
그것은 신성한 존재의 눈으로 본 것입니다.

'알로하'
당신이 무언가에서 아름다움을 들었을 때,
그것은 신성한 존재의 귀로 들은 것입니다.

'알로하'

그리고 언젠가

당신이 자유롭고 풍요로운 경험을 한다면,

그것은 당신이 '진정한 자신'을 통해

신성한 존재의 위대한 사랑에

닿았다는 뜻입니다.

우리는 진짜 해야 할 일에 몰두하기보다 늘
이곳저곳 자신의 흔적을 남기기에 바빠요.

"정화는 꾸준히 실천하고 있나요?"

강연을 위해 일본을 방문한 박사가 어느 날 밤 내게 물었다.

"지금 겪고 있는 인간관계 문제를 생각날 때마다 정화하고 있어요. 우니히피리도 최선을 다해 보살피고 있고요."

그러자 박사는 이렇게 답했다.

어떤 문제를 해결하고 싶을 때야말로
평소에 마주치는 작은 것
하나하나를 정화해야 해요.
소소한 일상에 집중하세요.
당신은 매일 얼마나 많은 사람을 만나나요?

나는 오늘 하루 동안 마주치고 연락하고 인사했던 사람들을 떠올려 봤다. 먼저 한 동료는 한밤중에 딸이 고열에 시달려 한바탕 난리였다고 한다. 출근길에 서로 우산이 부딪친 사람은 내게 혀를 찼고, 편의점 점원은 평소와 같았다. 스카이프로 어머니와 대화를 나눴다. 어머니는 바쁜 남동생과 좀처럼 연락이 되지 않는다며 한탄했다. 점심 때 찾은 음식점의 직원은 무척 초조해 보였다. 아버지에게서 온 메일을 읽었다. 할머니와 가족 모두 건강하다는 내용이었지만 할머니가 정말로 건강하신지 약간 걱정스러웠다.

또 인터넷으로 좋아하는 연예인의 블로그를 읽었다. 재해 지역에 있는 사람들의 안타까운 모습을 뉴스에서 봤다. 그 때문에 비난을 받는 정치가의 모습도 봤다. 사진을 정리하다가 고교 시절 사진을 발견했다. 10년 가까이 만나지 못한 동창을 떠올렸다. 잘 지내고 있을까. 또 다른 친구에게서 새로운 여자 친구가 생겼다는 메일을 받았다. 어떤 여자일까 궁금해하면서 잠시 상상해 보기도 했다.

생각해 보니 오늘 하루 내가 보거나 만나거나 말을 섞은 사람의 수는 상당했다. 게다가 그 사람과 연관되어 머릿속에 저절로 떠오르거나 기억나는 사람까지 합하면, 하루 24시간 동안 나는 얼마나 많은 사람과 만남을 거듭하고 있는 걸까!

박사가 말했다.

지하철을 타고 가게를 방문하고
음식을 먹고 물건을 만지고
메일을 받고 옷을 입는 등
오늘 하루도 많은 것을 경험했겠지요.

아침 지하철 안은 무척이나 붐볐고, 나는 옷을 두껍게 입은 것을 몹시 후회했다. 어느 지하철 광고에서는 불쾌함을 느꼈다. 사무실에 들어서자 환기가 되지 않은 탓인지 기분이 나빴다. 오늘따라 영어로 작성된 어려운 메일뿐이라 좀처럼 작업이 진행되지 않았다. 점심에 찾아간 식당은 맛은 있었지만 음식이 늦게 나와 급히 먹어야 했다. 평소보다 스프의 양이 적은 느낌이었다. 일을 마치고 들른 서점에는 원하던 책이 없어 실망했다. 그 대신 매우 예쁜 사진집을 발견했는데 비싸서 사는 것은 좀 고민해 보기로 했다. 집에 돌아가는 길에 방치된 자전거가 많아 몇 번이고 부딪칠 뻔했다. 지금 살고 있는 맨션 주변은 예전에는 깨끗했는데, 최근에는 쓰레기 불법투기가 늘어 까마귀가 많아진 것 같다는 생각을 했다. 키우던 식물은 흙이 좋지 않은 탓인지 물을 잘못 준 탓인지 시들고 말았다……

역시나 단 하루 동안에도 나는 매우 많은 곳에 갔고 많은 일을 했다.

당신과 관련된 각각의 사람과 장소,
상황에 대한 자신의 반응도
빠짐없이 정화했나요?

박사가 내게 물었다. 나는 지하철을 타기 전과 아침에 컴퓨터를 켜기 전, 점심을 먹기 전, 텔레비전을 켜기 전을 비롯해 초조해 하던 점원과 재해 지역, 맨션에 대해서는 정화를 했지만 내가 느낀 반응에 대해서는 정성껏 정화를 했는지 자신이 없었다.

당신이 그 하나하나를 정화하지 않은 채
그대로 하루를 마치면
우니히피리는 숨을 쉬지 못해요.
장소나 사물, 사람 등 각 존재와

당신의 우니히피리가
저마다의 색실로 묶여 있어요.

당신의 우니히피리는 당신이 만나는
사람이나 사물과 그 실로 연결돼요.
그 실은 당신이 정화를 해야만 끊어집니다.
우니히피리는 당신이 정화를 할 때까지
그 실을 잡고 있어요.

그 실이 점점 늘어나 서서히 엉키다
우니히피리에게 감기면
온몸에 감긴 수억 개의 실 때문에
우니히피리는 움직이지 못해요.
그런 상태로 하루하루를 보내는
우니히피리를 생각해 보세요.
그 우니히피리는 당신 자신이에요.

박사는 이렇게 말을 이었다.

온갖 색실로 서로 엉킨 그 속에서

당신은 사물을 보고, 말을 하고, 이야기를 듣죠.

그러면 무엇 하나도 있는 그대로 보지 못하고

기억을 통해 보고 듣고 말하게 돼요.

그래서 정화를 하는 거예요.

정화를 통해 실을

한 가닥씩 잘라 내는 것이죠.

우리는 그 실을 '붉은 실'이라고 부릅니다.

붉은 실이란 나와 타인, 장소, 상황을 맺어 주는 인연을 말한다. 나는 오늘 하루 내가 방문한 곳에서 경험한 수많은 생각과 감정을 떠올렸다. 우니히피리가 눈에 보이는 것은 아니지만 박사의 말을 듣고 내가 매일 당연하게 여기던 행동의 이면에서 내 우니히피리는 붉은 실이라는 기억으로 꽁꽁 묶여 있었다는 사실을 깨닫고 진심으로 '미안해, 용서해 줘.'라고 말했다.

자연스럽게 '우니히피리, 무시해서 정말 미안해', '자유롭게 있는 그대로 듣고 보고 싶어' 하는 마음이 샘솟았다.

정화를 하지 않으면

우리는 장소와 사람, 사물에

자신의 실을 더욱 뿌리내리게 되죠.
본래의 완벽하고 아름다운 상태에
갖가지 수많은 흔적을 남길 뿐이에요.
그러면 모든 것들이 황폐해지고
본래의 자유를 잃게 됩니다.
이건 학대예요. 진정한 자신을 잃는 것이죠.

과거에 대체 어떤 일이 있었는지
나는 모릅니다.
하지만 이 순간, 우리는
자유로워지기 위해 다시 만난 거예요.
정화할 기회를 얻게 된 겁니다.

우리와 그 장소가
붉은 실에서 해방되어 자유로워질 때
비로소 각자가 원래의 관계를 회복할 수 있죠.
이것은 장소나 사람은 물론
어떤 존재에게나 마찬가지예요.

두 번 다시는 만나지 않을 사람, 가 본 적 없는 길이라도 그것들을 내가 정화하지 않는다면 진정한 완결을 맺을 수 없다. 붉은 실을 끊어 줘야 하기 때문이다. 그렇게 나는 매일 어중간한 관계 속에서 우니히피리에게 고통을 안겨준 채 어영부영 살아가고 있는지도 모른다.

우리는 진짜 해야 할 일에 몰두하기보다
늘 이곳저곳 자신의 흔적을 남기기에 바빠요.

집, 친구, 가족, 연인, 일, 지하철, 자동차. 좋은 사람으로 보이고 싶은 마음, 슬픔, 괴로움, 추함, 시끄러움, 낡음……. 세상에는 무수한 감정들이 있다. 그러나 감정은 자신이 가지고 있던 기억의 재생에 불과하다. 그것을 그대로 흔적으로 남기며, 각자가 지닌 본래의 완벽한 상태를 가로막고 있는 것은 나 자신이다.

하와이 원주민들은
자신이 생활하는 곳이나
방문한 곳에 흔적을 남기지 않는 것을
무척 중요하게 생각해요.
그래서 그들은 교회나 절도

쉽게 지으려 하지 않는답니다.

사람이나 장소에서 불쾌함을 느끼면 정화한다. 사람이나 장소에서 애착을 느낄 때도 정화한다. 좋은 일이든 나쁜 일이든, 이 순간을 위해 그리고 내가 자유로워지기 위해 우니히피리가 간신히 들어 올린 기억의 실을 호오포노포노로 잘라 내는 것이다.

'보여 줘서 고마워.'

나는 중학생 무렵까지 살았던 도내의 맨션을 떠올렸다. 10년이 넘도록 그 동네를 찾지 않았기 때문에 그동안 잊고 있었다. 그 맨션에서 우리 가족은 수없이 싸움을 반복하며 서로에게 상처를 주고 눈물을 흘렸다.

"이 따위 집, 당장이라도 나가고 싶어."

나는 집을 향해 이 말을 셀 수 없이 쏟아 냈다.

중학교 2학년 때, 9개월 남짓 살았던 하야마의 집도 떠올렸다. 어머니와 남동생과 처음으로 셋이 살기 시작했고 처음으로 전학을 했었다. 출근에 지친 어머니는 매일 밤 베란다에서 어떤 마음으로 한밤중의 깜깜한 바다를 바라봤을까. 그런 어머니의 뒷모습을 당시의 나는 그저 걱정스럽고 불안한 마음으로 바라보는 수밖에 없었다. 그곳에서 살았던 기간은 짧았지만 추억이 많아 도쿄로 돌아가는 것이 죽기보다 싫었다. 마지막까지 울면서 이곳에서 살고 싶다고 어머니께 부탁했지만, 결국은 안타깝고 쓸쓸한 기분으로 이사를 해야 했다.

오랫동안 잊고 살아온 집들이었다. 나는 그곳에서 수많은 슬픔과 감동, 기쁨과 흥분, 분노와 불안을 경험했다. 분명 첫사랑도 그곳에서 경험했다. 돈을 둘러싼 갖가지 사건도 그곳에서 일어났다. 그 모든 일을 집도 경험했다는 것을 뒤늦게 알았다.

겉으로 보기에 생활방식이나 사는 곳 모두 예전과는 많이 달라졌지만 내 안에는 여전히 과거의 집이 그대로 남아 있다. 내가 과거의 집을 잊고 사는 동안에도 집은 내가 만들어 낸 실에 묶여 있었다.

나는 예전의 집들을 하나하나 정화했고 지금도 떠오를 때마다 정화한다. 지금 살고 있는 집도 정화했다. 분명 나는 더 먼 옛날부터 이어지는 이 집의 역사와도 관계를 맺고 있을 것이다. 하지만 그 사실을 상기할 필요는 없다. 지금 이렇게 만나 정화할 기회를 다시 얻었으니까.

마음속에 예전에 살았던 집 안 구석구석이 떠올랐다. 지금도 잊히지 않는 슬픈 기억도 떠올랐다. 나는 맨션의 이름과 주소, 전화번호 등 생각나는 것을 하나하나 정화했다.

정화의 결과로 어떤 일이 일어나는지 나는 모른다. 몰라도 된다고 박사는 말한다. 그리고 마침내 나는 정화를 통해 예전에 살았던 집과 내 안에서 다시 만나게 된 사실에 진심으로 감사할 수 있었다. 실로 정화를 통해 과거에 일방통행으로 막무가내 흘러갔던 어두운 고통을 끝맺을 수 있었다. 호오포노포노를 통해 다시 한 번 만남의 기회를 얻고 원래의 장소로 돌아가게 된 것이다.

당신 안의 우니히피리는
당신이 정화를 통해 엉킨 실을
잘라 주기를 기다리고 있어요.
수억 년에 걸쳐 남겨 온
흔적을 정화하고,
당신과 함께 영감으로 이어지기를
당신의 우니히피리는
기다리고 있어요.

휴렌 박사가 전하는 호오포노포노의 말

더는 일어설 수 없다고 느낄 때도,
아무것도 할 수 없다고 느낄 때도,
혼자뿐이라는 외로움을 느낄 때도,
그럴 때조차도 당신은 혼자가 아닙니다.
텅 비어 있기는커녕 가득 차 있습니다.

당신의 잠재의식 속에는
셀 수 없을 만큼의 기억이 가득합니다.
당신의 우니히피리는 언제나
수많은 정보를 보여 주고 있습니다.

'힘들어서 더는 아무것도 못하겠다.'는
당신의 생각조차
'자, 내려놓을 기회야.' 하고
우니히피리가 보여 주는 것입니다.
당신의 마음은 잠시도 쉬지 않습니다.

진짜 적은 '생각'입니다.

당신에게는 독이지요.

우리는 모두 '생각 중독자'입니다.

이 지구는 재활센터,

우리에게 다시 한 번 기회를 주고 있습니다.

고통도, 원한도, 기대도, 절망도

무언가가 만들어 낸 것입니다.

억지로 누가 손에 쥐어 준 것은 아닙니다.

당신이 고독을 느끼는 이 순간에도 우니히피리는

당신 안에서 수억 개의 존재와 역사가 남긴

셀 수 없을 만큼의 흔적을 보여 주고 있습니다.

힘들다면 아직 일어서지 않아도 됩니다.

가만히 누워서 눈을 감고 말해 보세요.

진심을 담지 않아도 좋습니다.

"고맙습니다. 미안합니다. 용서하세요. 사랑합니다."

잠시 침묵해 보세요.
그것만으로도 이 세상이 얼마나 조용해지는지.
내가 침묵해 봤자 주변이 시끄럽다고요?
그것도 전부 기억의 목소리랍니다.

17. 말하기 전에 잠시 멈춰라

나는 어릴 때부터 걸핏하면 남을 부러워했다. '저런 가족이 있으면 좋겠다', '저런 집에 살고 싶다', '저런 학교에 다니고 싶다', '저런 애완동물이 있으면 좋겠다' 등등. 사람만 봤다 하면 부러운 점을 찾아내는 달인 같았다.

언제부터인가 세간에서는 '남을 부러워하는 일이 가장 창피한 일'이라고 떠들었지만 나는 '남을 부러워하는 시점에서 이미 비참한데 왜 그렇게 심술궂은 말을 하는 걸까?' 하고 더욱 몰래 남을 부러워하였다.

그러던 어느 날 박사의 말을 듣고 생각이 조금 바뀌었다.

한때 연예가를 뜨겁게 달구었던 어느 연예인의 삶에 대해 내가 이동 중에 무심코 부럽다는 말을 내뱉었을 때였다. 그 연예인은 미디어를 통해 부유하고 웃음이 끊이지 않는 삶을 공개했다. 마치 누구나 부러워하는 상대와 누구든지 부러워할 만한 삶을 손에 넣은 것처럼 보였다. 박사는 말했다.

> 행복한 것처럼 보이는 것만이
> 전부가 아니라는 걸 알아야 해요.
> 그 사람의 내면에서
> 실제로 어떤 일이 일어나고 있는지
> 아무도 알지 못해요.
> 자신의 우니히피리만이 알 뿐이지요.

'맞는 말이기는 하지만 그래도 멋진 삶이잖아. 다들 당연히 그렇게 살고 싶지 않을까.' 하면서 반신반의하는 마음으로 박사의 말에 귀를 기울였다.

> 예를 들어,
> 남을 부러워하는 마음은
> 마치 실처럼 상대방과 당신의 의식에

들러붙는다는 걸 알고 있나요?

그 연예인이 정말 행복한지는 아무도 몰라요.
사람들은 겉모습만 보려고 하죠.
하지만 진실을 보여 주는 건
자신의 우니히피리예요.
우니히피리에 타인의 의식이 계속 들러붙으면
언젠가는 자유를 잃게 돼요.

그 말을 듣자 왠지 두려워졌다. 별 생각 없이 남을 부러워하
는 내 태도와 보이지 않는 곳에서 일어나는 일들을 연관지어 생
각해 보았다. 박사는 말을 이었다.

부러움은 상대를 향한 감정이 아니라
우니히피리가 오래전부터 품고 있던 기억이에요.
그것을 우연히 지금
하나의 형태로 당신에게 보여 주는 것이죠.
그 신호를 계속 무시한다면 당신은
평생 자신을 잃은 채
살아가게 될 거예요.

박사의 이야기를 들은 이후부터 나는 누가 부러워지면 곧바로 정화를 하게 되었다. 남을 부러워하는 것이 부끄러워서가 아니라 나를 되찾고 싶어서다.

그러던 어느 날 나보다 어리고 예쁜 여자아이와 차를 마실 일이 있었다. 이런저런 이야기를 나누는데 그 아이가 이런 말을 하기 시작했다.

"저는 예전부터 거울만 봐도 죽고 싶었어요. 겉모습이 너무 신경 쓰여요. 길에서도 남과 눈이 마주치는 게 무서워서 고개를 숙이고 걸어요. 시간이 빨리 지나갔으면 좋겠어요."

나는 그 말에 깜짝 놀라기도 하면서 슬펐다. 어째서 이렇게 예쁘고 재능 있는 아이가 이런 말을 하는 걸까. 그리고 곧 '어떤 일이 일어나는지 알고 있는 건 나의 우니히피리뿐'이라고 했던 박사의 말이 떠올랐다.

나는 그 아이의 이야기를 들으며 정화를 했다. 십대 시절 내 외모와 관련된 슬픈 사건이 함께 떠올랐다. 그때 느꼈던 남과 비교당하는 고통과 창피함 등 여러 감정을 정화했다. 그 아이와 헤어진 후에도 정화를 계속했다.

그리고 고통이 희미해질 때쯤 다시 그 아이와 만날 기회가 있었다. 그런데 그 아이는 언제 그랬냐는 듯 밝고 건강한 웃음을 되찾은 모습이었다. 그때 나는 분명히 깨달았다. 부러움은 자기 안의 기억을 정화하기 위해 나의 우니히피리가 보여 주는 것임을.

어쩔 수 없어요.
나를 비롯해 모두가 오래전부터 쌓인
기억의 재생에 의해 움직여요.

자신의 입에서 튀어나온 한 마디 말조차
정말 자신이 한 말인지, 아니면
기억이 당신의 입을 빌려 말하게 한 것인지
어떻게 알 수 있나요?
우리가 경험하는 일이나 동기는 전부
우니히피리가 보여 주는 겁니다.

기억은 부정적인 것만을 가리키지 않아요.
당신을 움직이게 하는 모든 것이
당신이 가지고 있던 기억의 재생이에요.
우리는 항상 기억이라는 이름의
바다를 헤엄치고 있죠.

나는 어떤 파도(기억) 속에서도
우니히피리와 함께 헤엄치는 것이
현명하다고 생각해요.

좋은 일도 나쁜 일도 모두 기억의 재생이다. 아무리 잔잔한
파도도 거센 파도도 모두 기억의 재생이듯이 말이다.

정화를 하면 물에 빠질 일은 없어요.
진정한 자신, 순수한 영혼이 바라는 것은
아무것도 없을 때도 볼 수 있는 빛이에요.

그 빛이 당신에게 도달할 때
당신은 자신을 되찾고
진정한 삶을 살아갈 수 있어요.

그런데도 나는 여전히 성공과 건강과 풍요로움을 꿈꾼다. 때
로는 그 마음이 지나쳐서 괴롭기도 하고 때로는 원동력이 되기도
한다.
하지만 전부 쓸데없는 것들이다. 이미 내 안에 존재하는 기

억들은 먼 옛날부터 오랜 시간에 걸쳐 모인 기억의 조각들이다. 나는 이 조각들을 호오포노포노를 통해 아무것도 없는 최초의 상태로 돌려보내는 여행을 계속한다.

'우니히피리, 오랫동안 내 안에 있던 기억을 보여 줘서 고마워. 이 기억을 함께 정화하자. 고마워. 사랑해. 우리 함께 본래의 제로 상태로 돌아가자.'

터무니없는 여행처럼 느껴지지만 이 여행을 시작하는 순간 이미 우리는 자신을 되찾기 시작한다. 나는 진정한 자신을 되찾을 기회를 주는 것들에 둘러싸여 있다는 것을 함께 깨달았다. 마치 어릴 적 애정을 갖고 나를 이끌어 주던 이들처럼 사람뿐만 아니라 사물과 시간, 식물, 일, 휴대전화, 음식마저도 '여기야.' 하고 밝은 곳으로 나아가도록 내 등을 부드럽게 밀어 주고 있다.

잠시 침묵해 보세요.
그것만으로도
이 세상이 얼마나 조용해지는지.
내가 침묵해 봤자 주변이 시끄럽다고요?
그것도 전부 기억의 목소리랍니다.

휴렌 박사가 전하는 호오포노포노의 말

'나는 아무것도 몰라요.'라고 말하며
하루를 시작해 보세요.
사랑은 자유와 같으니까요.

당신의 이름을 사랑해 주세요.
보세요, 잊혔던 존재가 사랑을 받고 기뻐하지요.

당신이 어디에 있든 무엇을 보든
모든 것이 당신의 아이고
당신은 모든 것의 부모랍니다.
이 광활한 기억의 바다에서 만나는
모든 것들이
당신에게 말을 건네고 있어요.

문제는 대체 어디에 있을까요?
당신은 과연 누구일까요?

Thank you

I love you

I'm sorry

please forgive me

모두가 '진정한 나'를 되찾는 그날까지

이 책에는 호오포노포노를 실천하는 방법이 자세히 적혀 있지는 않다. 다만 어떤 상황에서든, 가령 지금의 자신이 예전에 바라던 이상적인 자신이 아니더라도 '정화는 언제든 시작할 수 있어요, 괜찮아요.' 하고 말하는 박사의 엄하고도 따뜻한 메시지가 독자에게 전달되는 책이 되기를 바란다.

본문에서도 말했듯 호오포노포노는 나이와 장소를 불문하고 언제 어디서나 누구나 실천할 수 있다는 멋진 특징이 있다. 비행기에 안에서도, 부모님께 따끔하게 혼나는 중에도, 도심의 붐비는 교차로를 걸을 때도 어디서든 바로 가능하다.

부끄럽게도 나는 여전히, 심지어 이 책을 집필하는 중에도 정화하는 것을 잊을 때가 있다. 하지만 일단 생각이 나면 정화를 한 뒤 '진정한 내'가 이 세계에서 받아들이는 것을 소중히 여기겠다고 매일 다짐한다.

정화를 통해 내 안 깊숙이 존재하는 우니히피리가 나를 용서해 준다고 느꼈을 때 나는 비로소 이 세계에 눈을 뜬 기분이었다. 이것은 박사가 가르쳐 준 '알로하'의 마음으로 본 세계다.

처음 휴렌 박사에게 지금까지 해 주신 말씀을 한데 모아 책을 만들고 싶다는 말을 꺼냈을 때 박사님은 한동안 말이 없다가 이렇게 말했다.

"다이아몬드처럼 반짝이는 돌 목걸이를 한 당신이 보여요."

그 후로 나는 마음속에 늘 그 목걸이를 지니고 다닌다. 호오포노포노의 '알로하'를 통해 타인과 관계를 맺을 때, 사물과 맞닿을 때, 나를 경험할 때, 신기하게도 그 돌이 반짝반짝 빛나는 것처럼 느껴진다.

이 책을 만들어 주신 모든 분들께도 감사하는 마음을 전하고 싶다.

중요한 순간이면 가던 걸음도 멈추고 늘 진지한 말씀을 해 주시던 휴렌 박사님에게는 아무리 감사드려도 부족할 것이다.

이 책이 완성되기까지 정화를 통해 끊임없이 지지해 주셨던 KR 씨와 SITH 호오포노포노 사무국 여러분께도 감사드린다. 또 알로하의 숨결을 이 책에 불어넣어 준 사진작가 우시오 지호 씨, 덕분에 마노아에서 비가 그친 뒤 생기 넘치는 분홍빛 히비스커스를 멋진 사진으로 만날 수 있었다. 선마크출판의 스즈키 나오키 씨, 늘 성심껏 대해 주셔서 감사하다.

모든 분의 이름을 적을 수는 없지만 가족과 친구들, 글을 작성해 준 컴퓨터와 자리를 제공해 준 카페, 책상, 의자 모든 것에게 사랑하는 마음을 전한다.

그리고 무엇보다 끝까지 읽어 준 독자들에게 감사드린다.

지금 이 순간에도 이 세상에 존재하는 모든 것들이 '진정한 자신'을 빛낼 수 있기를. 알로하!

나는 지금 신의 눈앞에 있습니다

이 책을 읽어 주신 모든 분들께.

나와 오랜 시간을 함께하며 셀프 아이덴티티 스루 호오포노 포노를 가르쳐 준 모르나는 생전 내게 이렇게 말하곤 했습니다.

"호오포노포노는 믿는 게 아니야. 그건 순간순간 경험하는 것이지."

호오포노포노는 실천할 때 비로소 존재하고 그 효과가 나타 난다는 것을 의미하는 말입니다.

생각하기보다는 정화하세요. 믿기보다는 정화하세요. 정화하 느냐, 하지 않느냐 우리의 선택은 둘 중 하나입니다. 문제의 원 인을 평생 외부에서 찾으며 괴로워할 것인지, 정화를 통해 날마다 반성하며 스스로 자기 내면의 평화를 되찾을 것인지는 자신에게 달렸습니다.

나는 정화하기 위해 다시 태어났습니다. 지금 내가 하는 일과 만나는 사람(물론 이 책을 통해 만난 여러분도), 보고 듣는 모든 정보는 지난날의 내가 축적해 온 기억을 전부 정화하고 내려놓게 하려고 나타난 신성한 존재들입니다.

그 사실을 깨달으면 문제는 더 이상 문제가 아닙니다. 문제였던 일은 '나'라는 존재를 되찾기 위해 신성한 존재가 마련해 준 소중한 만남으로 다가옵니다. '알로하', 즉 '나는 지금 신의 눈앞에 있습니다.'라는 고백의 효과를 체험하는 것입니다.

정화를 하는 동안 때때로 머릿속으로 호오포노포노를 붙잡으려 하거나 결과가 신경 쓰일 때면 어디에선가 이런 목소리가 들려옵니다.

'당신은 우니히피리만 정성껏 돌봐 주세요. 나머지는 제가 하겠습니다.'

신성한 존재가 하고자 하는 일은 내가 어떻게 손댈 수 있는 일이 아닙니다. 내가 할 일은 그저 정화하는 것입니다.

부디 자기 자신을 잃지 마세요. 매일 겪게 되는 일 때문에 놀라거나 슬퍼지더라도, 이 순간부터 자신이 문제를 해결할 수 있다는 사실을 잊지 마세요.

당신이 진정한 자기 자신으로 있을 때 셀 수 없이 많은 기쁨이 이 세상에 전해집니다. 당신과 우니히피리가 함께할 때 전해지는 것이지요.

이 책을 읽어 주셔서 감사합니다. 여러분의 가족과 친척, 조상 모두가 이해를 넘어설 만큼의 평화로 가득하기를 진심으로 기원합니다.

이하레아카라 휴렌

옮긴이 | 김남미

전북대학교 일어일문학과를 졸업했다. 좋은 책을 우리말로 옮기는 일에 매력을 느껴 현재 출판 전문 번역가로 활동하고 있다. 옮긴 책으로는 『행운의 소리』, 『처음 시작하는 가죽공예』, 『심플한 생활가구 만들기』, 『아이의 민감기』, 『교과목별로 정리한 직업 백과사전』 등이 있다.

들어봐요 호오포노포노

1판 1쇄 펴냄 2015년 4월 23일
1판 3쇄 펴냄 2023년 9월 29일

지은이 | 타이라 아이린
옮긴이 | 김남미
발행인 | 박근섭
책임편집 | 정지영
펴낸곳 | 판미동

출판등록 | 2009. 10. 8 (제2009-000273호)
주소 | 06027 서울 강남구 도산대로 1길 62 5층
전화 | 영업부 515-2000 편집부 3446-8774 팩시밀리 515-2007
홈페이지 | panmidong.minumsa.com

도서 파본 등의 이유로 반송이 필요할 경우에는 구매처에서 교환하시고
출판사 교환이 필요할 경우에는 아래 주소로 반송 사유를 적어 도서와 함께 보내 주세요.
06027 서울 강남구 도산대로 1길 62 6층 민음인 마케팅부